KB182333

점토미술치료

자기표현향상을 위한 발달장애 미술치료

점토미술치료

자기표현향상을 위한 발달장애 미술치료

한영희 지음

이담
Books

서문

점토는 흙으로부터 생성되며 인류의 발생과 더불어 고대에서 현재에 이르기까지 인간의 생활이나 정서에 밀착되어 중요한 사회적 기능을 하였으며, 인류문화의 발달과 함께 성장해온 가장 오래된 예술재료 중의 하나이다. 점토는 아동에게 재료의 친근감을 주며 아동의 사고, 감정을 표현하는 데 적절한 재료이고, 자유로운 형태변화와 폭넓은 표현활동을 가능하게 하는 재료로서 조형능력의 신장에 중요한 위치를 차지하고 있다.

필자는 발달장애아동이 점토미술치료를 통하여 자아 성취감과 즐거움을 느낄 수 있도록 미술치료 프로그램을 모색하고, 발달장애아동교육의 궁극적 목표인 사회 적응력을 높여 자조기술을 영위하고 발달장애아동의 마음속에 있는 감정을 작품에 이입시켜 건강한 자기표현으로 향상시키는 데 목적이 있다.

인간은 누구나 태어나서 성장하는 동안 창작하고자 하는 본능적 욕구를 가지고 있다. 이런 욕구는 대부분 지적성장이 왕성한 유·아동시기에 함께 발달한다. 특히 정상아동들보다 발달장애아동들에게 있어서 창의적 표현활동을 위한 자연적인 매체로의 접근이 거론되고 있다. 하지만 임상현장에서는 발달장애아동의 미술치료에 있어 자연적인 매체보다는 오히려 인공적인 매체에 의하여 치료를 하고 있는 실정이며, 이것은 자연과는 차츰 더 멀어지게 하는 치료가 되고 있다. 인공적인 매체는 자연매체(점토)에 비하여 단단하고 차가운 느낌을 주거나 거부반응을 가질 수도 있다.

자연적인 매체인 점토는 촉감이 부드럽고 따뜻함을 느낄 수 있으며, 평면에 국한되지 않고 다양한 입체 작업으로 이루어진다.

따라서 본 책에서는 발달장애아동들에게 자연적이고 입체적인 미술매체인 점토가 자기표현활동으로서 발달장애아동의 놀이나 언어 등과 같이 아동의 무의식 속에 억압된 감정 및 갈등과 욕구를 점토치료를 통해 해소하고, 자아성취감과 즐거움을 느낄 수 있도록 미술치료 프로그램을 모색하였다.

미술치료 프로그램을 적용한 발달장애아동의 치료적 목적은 전인적 성장을 위한 기초 교육과 공정한 판단력, 자율적 활동능력을 기르고, 자신의 신체생활, 정서생활, 지적생활, 의사소통, 집단생활 능력 배양에 역점을 두는 것을 치료의 목표로 가지고 있다. 이것은 발달장애아동의 자활 면에 큰 비중을 두고 있는 것이다.

일반아동과 마찬가지로 발달장애아동도 상상력과 공상력이 있다. 이는 창의적인 자기표현이 가능하다는 것을 말한다. 무감각한 것같이 보이는 것은 개발되지 않았기 때문이며, 그 이유는 표현방법과 적절한 치료와 교육의 기회를 얻지 못한 데에 있다. 그러므로 미술치료를 통한 자기표현의 기회가 제공된다면 발달장애아동의 잠재된 능력개발과 나아가 성인이 되었을 때 진로개척을 이루도록 도울 수 있을 것이다.

발달장애아동은 그들이 지닌 본질적인 능력이나 기능상의 결함 외에도 2차적으로 장애를 지닌 경우가 있다. 그 원인은 반복되는 실패의 경험에 있으며 결국 발달장애아동은 스스로 실패 상황을 피하게 되고, 이로 인해 발달장애아동은 낮은 자존감을 갖게 된다.

이러한 발달장애아동이 지닌 다양한 특성을 이해하면서, 미술치료 기법 중 하나인 점토미술치료를 발달장애아동에게 도입하여 자기표현에 더 많은 치료적 효과를 말하고자 한다.

그리고 발달장애아동 미술치료의 궁극적 목표인 사회 적응력을 높여 자조기술을 영위하고 발달장애아동의 마음속에 있는 감정을 작품에 이입시켜 건강한 자기표현을 향상시키는 데 목적이 있다.

본 책에서는 여러 각도에서 이론적 고찰과 임상현장에서 필자의 분석을 통하여 점토미술치료가 발달장애아동의 자기표현향상에 어떤 영향을 미치며, 발달장애아동의 감정표출과, 소근육 운동, 창의성 성장에 대한 사례연구를 보여주었다.

그 사례에 따른 연구결과는 다음과 같다.

첫째, 점토미술치료는 발달장애아동의 억압된 감정을 표출하도록 도와준다. 미술치료의 가장 큰 목표 중 하나인 아동의 정서적 안정감과 자신감 획득을 극대화시킴으로써 발달장애아동이 외부세계에 대응하고 건전하게 성장, 발달할 수 있도록 도움을 주었다.

둘째, 점토미술치료는 발달장애아동의 창의성을 향상시킨다. 발달장애아동은 점토를 가지고 하나의 형상을 만들어내는 작업과정을 통해, 다양한 재료를 탐색하고 주워진 환경을 조절해 나가게 된다. 이는 아동들이 기법과 재료를 다양하게 활용함으로써 자발적이고 창의적인 자기만의 세계를 만들어가게 해 준다.

셋째, 점토미술치료는 발달장애아동의 자기 표현력을 향상시킨다. 촉각을 통하여 이루어지는 점토작업은 아동에게 대상물을 만져서 느껴 보거나 손으로 다루어 보는 데서 즐거움과 흥미를 유발시킨다. 아동은 점토를 만지고 두드리고 주물러 무엇인가를 만들면서 말로는 표현할 수 없었던 자신의 생각과 감정을 표출해내고, 자유로운 작업을 통해 긍정적인 자기 표현력을 키우게 되는 것이다.

넷째, 점토미술치료는 발달장애아동의 소근육의 발달을 촉진시켜 신체적인 조화를 이룰 수 있게 한다. 아동이 양손으로 점토를 주무르고 두드리며 형태를 만드는 과정에서 우뇌와 좌뇌의 균형 있는 발달을 가져온다. 또한 눈과 손, 팔 등 전신을 다 움직여 작업하기 때문에 소근육이 발달하게 되고, 조형적 사고력과 눈과 손의 협응 능력이 발달하게 됨으로, 결과적으로 신체의 각 부분의 조화로운 발달을 촉진시킨다.

점토미술치료는 발달장애아동의 변화된 모습을 기대하고, 자연친화적인 점토를 사용하므로 정서적 안정과 자발적인 자기표현을 할 수 있음을 알 수 있었다. 그것은 점토가 가지고 있는 가소성이 이 세상에 존재하는 어떤 물질보다도 자유로운 표현이 가능한 재료이기 때문이다.

또한 점토의 특성인 유연성에 의해 점토를 마음대로 주물러 표현할 수 있는 것이 점, 선, 면, 입체의 어떤 형태로든 작업이 가능하며, 질감와 양감의 특성을 형태운동감, 공간감각 등의 조형감각으로 형성하기에 적합하다는 것을 알 수 있다. 이러한 입체작품은 평면작품과 달라서 아동이 점토로 형태를 표현하려면 사물을 여러 시점에서 관찰한 후 표현해야 하므로, 통합적인 사고를 통해 사물에 대한 입체적인 감각을 갖게 된다.

따라서 점토미술치료는 한국적이고 자연 친화적인 미술활동으로서, 회화적이면서도 입체적인 그리고 발달장애아동에게 정신의 안정과 신체의 균형 있는 발달을 유도하는 통합적인 미술치료효과를 지향하는 미술치료의 한 분야라고 할 수 있다.

한영희

목차 CONTENTS

PART 01
미술치료와 자기표현

미술치료와 자기표현

1. 미술표현의 발달단계

사람은 어려서부터 그림을 그리거나 무엇을 만드는 일에 많은 욕구와 흥미를 가지고 있다. V. Lowenfeld는 "어린이는 난화를 통하여 공간을 느끼고 자신을 자유롭고 충분하게 표현한다면 그는 자신의 성취에 크게 만족스러움을 느낀다"라고 했으며, 그러한 과정을 '자기 적응'이라고 했다.

H. Read는 "어린이의 그림은 자유로운 표현이고 자신의 표현이며, 이러한 자유로운 표현은 신체적인 활동과 정신적 과정에 폭 넓은 범위를 반영한다"[1] 라고 말하고 있다. 이와 같이 아동들은 그림을 통하여 자기를 표현하고, 그 결과물은 아동의 성장·발달에 따라 특징을 가지게 된다.

물론, 아동의 표현이란 자라나는 아동의 지역사회, 계층, 가정환경과 심리, 신체와 지능 등의 차이에 의한 개인차를 전제해야 하지만 여러 학자들의 이론에 의하면 보편적인 공통 요인과 인정한 순서가 있음을 알 수 있다. 이러한 관

---

1) 최윤자, 「V. Lowenfeld와 아이스너의 미술교육 사상 및 방법론에 관한 비교 연구」(석사학위논문, 한국교원대학교 1993), p.16.

점에서 아동의 그림을 발달적 측면에서 연구한 학자를 중심으로 발달 단계를 살펴보면 다음과 같다.

V. Lowenfeld의 표현 발달 6단계는 다음과 같다.

① 난화기(scribbling stage: 2~4세)

② 전도식기(pre-schematic stage: 4~7세)

③ 도식기(schematic stage: 7~9세)

④ 여명기(gang age: 9~11세)

⑤ 의사실기(pseudo naturalistic: 12~14세)

⑥ 사춘기(adolescent art in high school: 14~17세)[2]

H. Read의 표현 발달 7단계는 다음과 같다.

① 난화기(2~5세)

② 선의 시기(4세)

③ 서술적 상징의 시기(5~6세)

④ 서술적 사실기(7~8세)

⑤ 시각적 사실기(9~10세)

⑥ 억압의 시기(11~14세)

⑦ 예술적 부활의 시기(14세 이후)[3]

2) V. Lowenfeld & W. L. Brittain, 『Creative and Mental Growth』, 6thed(N.Y.: Macmillan, 1975), pp.74-83.

3) H. Read, 『Education Through Art』(N.Y.: Pan Theon Books, 1958), pp.108-165.

김정의 표현 발달 7단계는 다음과 같다.

① 신생아기(1~3세)

② 난화기(3~5세)

③ 전도식기(5~7세)

④ 도식기(7~9세)

⑤ 여명기(9~11세)

⑥ 의사실기(11~13세)

⑦ 사춘기(13~16세)[4]

이와 같이 여러 학자들이 아동의 미술표현의 발달단계를 분류하였지만 다음의 세 가지 단계로 공통성을 보이고 있다.

첫째, 어린이들이 마음대로 탐색하면서 재료를 다루는 단계이다(난화기). 이 시기 다음에 아동이 작업한 흔적에 이름을 붙일 때까지 재료 다루는 솜씨가 점차 조직화된다.

둘째, 상징적 단계이다. 이 시기의 어린이들은 그 경험 속에서 대상을 표현하는 분명한 상징을 경험하게 된다.

끝으로 사춘기의 아동들은 그들의 작품에 비평적이며 자아의식을 가지고 스스로 표현하게 된다.

---

4) 김정·이수경, 『어린이 조형교육』(서울: 교문사, 1984), p.15.

2. 미술치료에서의 자기표현

우리에게는 언어로 표현하기 불가능하거나 어려운 감정과 경험들이 있다. 미술치료에서 사람들은 말을 하지 않고도 회화 혹은 여러 가지 미술 형태로 자기를 표현할 수 있다는 것에 고무된다.[5]

미술의 표현활동을 미술 치료적·교육적 도구이며 창의성을 표출하는 수단으로 본 V. Lowenfeld는 "아동이 자신의 느낌, 생각, 지각 등 그의 마음의 모든 것을 자기의 작품 속에 표현한다"라고 했다.

V. Lowenfeld는 자기표현이란 말은 잘못 이해되어왔기 때문에 이 용어를 사용하기에 앞서 그 개념을 확실히 하는 것이 중요하며 자기표현이 일반적인 개념인 아이디어와 사고의 표현을 의미한다는 생각은 잘못이라고 했다. 또 '우리의 사고와 아이디어는 대부분 그대로 표현된다'는 문제는 내용에 있는 것이 아니라 표현양식에 있으며 무엇보다 중요한 것은 '무엇을 표현하느냐'가 아니라 '어떻게 표현하느냐'인 것이다.[6]

그러므로 어떤 구체적 표현대상이나 의미 없는 난화, 옹알이도 하나의 잠재적 창조 형태이며 자기표현 방법일 수 있다. 즉, 형태가 꾸밈이 없고 수준 있는 미술표현으로 옮겨 갈 가능성이 있을 때 그것이 자기표현이라고 할 수 있다고 하였다. 다시 말하면 복잡한 유형의 미술은 기교적으로 완벽해도 자기의 내면적 정신이나 지적·정서적 상태를 표현하지 못하면 이런 작품들은 내용이 없는 형식일 뿐이며, 미술작품으로서 가치가 없게 된다는 것이다.

자기표현은 아동의 발달 단계에 벗어나지 않고 자신의 수준에 맞으며, 아동

5) Cathy A. Malchiodi, 최재영·김진연 공역, 『미술치료』(서울: 조형교육, 2001), p.24.
6) V. Lowenfeld·브리테인, 서울교육대학 미술교육연구회 역, 『인간을 위한 미술교육』(서울: 미진사, 1998), p.46.

이 독립적인 사고를 갖고 있다. 이것은 정서적인 배출구로서 역할을 하며, 자유와 융통성을 발휘하며, 새로운 상황에 쉽게 적응하고 아동이 성취감을 느끼게 되며 도약을 할 수 있는 결단성도 함유하게 된다.

따라서 미술치료에서의 표현내용을 주의 깊게 살펴보고 활동과정을 잘 관찰하여 작품 속에서 아동의 욕구, 개성과 창의력, 상상력, 정서적 표현을 찾아내는 것에 중요한 의미가 있다.

미술의 자기표현을 통하여 아동발달을 도모할 수 있는 영역을 살펴보면 다음과 같다.

(1) 지적 성장

아동 자신과 환경에 대한 인식의 성장에서 찾아볼 수 있다. 아동의 그림에서 세부적인 표현을 어떻게 그렸느냐가 지적 성장의 척도이며 주제의 세부까지 충분히 그려 놓는 그림을 지적 수준이 높은 아동이 그린 그림이다. 하지만 그것이 반드시 아름다운 그림이라고 말할 수는 없다.

(2) 정서적 성장

자기 작품에 어느 정도까지 얼마만 한 강도로 동일화되어 있는가에 따라서 정서적 해방이 어느 정도였느냐 하는 것은 다음 4단계에서 찾아볼 수 있다.

① 틀에 박은 듯한 되풀이

② 순순한 객관적인 보고 형식이나 일반화된 것

③ 때때로 자기가 나타나거나 딴 사람을 넣기

④ 자기가 경험한 것을 넣기

(3) 사회적 성장

협동심과 사회적 책임감이 있는 아동의 작품에는 자기 자신과 타인의 경험에 대한 동일화된 감정이 뚜렷이 나타나 있다.

(4) 지각적 성장

지각적 경험을 광범위하게 활용하려는 아동은 표현 내용에 있어 운동감각적 경험, 시각적 경험 등과 형태, 색채, 환경에 대한 감각적 '인상'까지도 첨가하여 그린다. 여기에 반하여 지각적 경험이 부족한 아동의 작품에는 운동 감각의 만족이 결여되어 있기 때문에 선이나 붓의 사용에도 자신이 없는 느낌을 준다. 또 시각적 영상도 빈약하고 관찰력이 거의 또는 전혀 없는 상태를 그리고 있으며 촉각이나 기타의 감각과 관련된 경험도 포함되어 있지 않다.

(5) 신체적 성장

시각을 통합하거나 운동감각을 통합하는 능력이며 아동은 자기가 긋고 싶은 선을 그으려고 신체를 작용시키며 기법을 익혀 나간다. 신체 경험이 풍부하여 예민한 의식을 지닌 아동은 그 작품 안에 단순히 선이나 붓 사용법만이 훌륭한 통합이나 조화를 나타내고 있는 것이 아니라 신체적 통계 능력도 나타내고 있는 것이다.

(6) 미적 성장

아동의 작품에 있어서 미적 성장은 사고, 지각, 감정 등이 관련된 모든 경험을 전체적으로 통합하는 감수성의 발달 그 자체에서 나타난다. 이 전체적 통합은 사상과 감정을 공간, 선, 약속, 색 등으로 조화 있게 표현한 하나의 통일체로 볼 수 있다. 미적 성장이 좋지 않은 아동은 그 사상이나 감정에 있어서도 또는 그 표현에 있어서도 하나의 통일체로 만들고자 하는 마음이 보이지 않는다.

(7) 창조적 성장

아동이 창조적이기 위해서는 기술적으로 수련되어야 할 필요는 없다. 다만 어떠한 형식의 창조라 할지라도 일정한 정도의 정서적 자유로움은 꼭 필요하다. 왜냐하면, 주제를 대할 때나 여러 가지 재료를 사용할 때에도 자유로우며 대담하지 않으면 발휘되지 않기 때문이다. 실험적인 태도는 창조적인 정신이 있다는 것을 말한다. 규칙, 강압 등에 의하여 창조성이 억압된 어린이는 모사나 모방에 의존하게 된다. 이러한 아동은 자기의 독창적인 창조력에 자신을 잃게 되고 그 표현에 있어서도 타인의 양식에 쉽게 딸려 들어간다. 창조적 성장은 연령적 성장과는 평행하지 않는다. 작품 활동에 있어 창조적 의미는 중요하다. 창조적 성장이 뚜렷한 어린이는 다른 사람의 영향을 받지 않고 주제와 양식에 있어 자주적 표현으로 자신만의 형태를 추구하고 기법이나 재료의 활용에 다양성을 보여주고 있다.[7]

V. Lowenfeld와 W. Brittain(1982)은 "그림은 더 큰 환경의 일부분으로 아동이 자아중심적 시각에서 벗어나 자아에 대해 점차 인식하면서 아동의 성장을 알려주는 좋은 지침을 제공해준다"라고 하면서 미술 표현이 아동에게 있어서 '전체적' 성장을 반영하는 것이라고 강조했다.[8]

이렇듯 아동의 '전체적' 성장을 반영하는 미술표현은 비언어적 형태의 의사

---

7) V. Lowenfeld·브리테인, op.cit., pp.71-81.
8) Cathy A. Malchiodi, 김동연·이재연·홍은주 공역, 『아동미술심리이해』(서울: 학지사, 2001), pp.168-169.

소통으로 언어로는 접근할 수 없는 생각과 감정의 표출구가 된다. 결과적으로 미술치료에서의 미술활동의 이러한 가치는 무의식과 표출되지 않은 사고와 감정을 표현하는 '자기표현의 길'을 열어주는 것이다.

특히 어린 아동이나 언어 발달에서의 문제를 지닌 아동들은 자신의 느낌이나 경험을 포괄적으로 언어화하지 못하지만, 의사소통을 위한 자연스러운 방법의 하나로서 미술에 대해 대체로 편안함을 갖기 때문에 매우 유용하다.[9]

---

9) Cathy A. Malchiodi(2001), 최재영·김진연 공역, 『미술치료』(서울: 조형교육, 2001), pp.23-25.

PART 02

발달장애아동의 미술치료

Part 02

발달장애아동의 미술치료

1. 발달장애(Developmental Disorder)의 정의

발달(Development)이란, 임신의 순간부터 영아기, 유아기, 아동기, 청년기, 장년기를 거쳐 노년기에 이르기까지 심신의 구조적 또는 기능적 변화의 과정을 말한다.

발달은 단순히 유전정보로만 규정되어지지 않고, 경험, 연습이라고 하는 환경적 요인에 크게 영향을 받고 있다. 언어뿐만 아니라 운동, 정서, 사회성, 지능, 인지 등도 유전적 요인과 환경적 요인의 상호 작용의 결과로서 발달되어진다. 인간은 자기의 신체 기관을 사용하여 외계를 자기 자신 속에 받아들이기도 하며, 자기 자신을 외계의 세계에 적응시켜 나아가는 유일한 존재라고 하겠다. 그러나 어떤 상황에 의하여 정상 발달이 회복 곤란한 손상을 입을 수 있다. 이것이 기반이 되어, 능력부전을 초래함으로써 사회 적응의 곤란을 가져오기도 하는데 이를 '발달장애'라고 한다.

발달장애란 아동기에 받은 장애가 현재도 계속 존재하고 있는 모든 아동과 성인을 포함하고 있다. 발달장애라는 용어의 최초 사용은 1970년 미국 공법에서 비롯되었는데, 1978년 이전에는 발달장애가 정신박약의 뜻으로 받아들여졌다. 발달장애는 유전되거나 전염되는 독성이나 외상 또는 생리학적 기능발달에 장애를 가져오는 모든 상황의 장애를 포함한다. 1978년 미국장애아교육법에서는 발달장애를 다음과 같은 중증 만성적인 장애라고 정의하였다.[10]

발달장애에 대하여 미국의 발달장애 원조 및 권리장전법(Developmental Disabilities Assistance and Bill of Rights Act of 1984: P.L. 98-527)에서는 다음과 같이 정의하였다.

① 정신적, 신체적 손상이 원인이거나 또는 정신적, 신체적 중복장애가 원인이다.

② 22세 이전에 나타난다.

③ 막연히 계속적으로 발달한다(장애가 계속적으로 지속될 수 있다).

발달장애는 주된 생활 활동 영역에서 3가지 혹은 그 이상의 기능적 제한이 있다.

① 신변처리

② 언어표현이나 인지 능력

③ 학습

④ 운동능력

⑤ 자기 감독

⑥ 독립된 생활 능력

⑦ 경제적 능력

---

10) 송준만·유효순, 『특수아동교육』(서울: 교문사, 1990), p.78.

발달장애는 평생 또는 장기간에 걸쳐 나타나는, 특수하거나 둘 이상의 다른 분야나 일반적인 보호, 치료 및 개별화된 지속적인 교육과 지원을 필요로 하는 중증의 만성장애이다. 따라서 이상과 같이 유아와 아동기, 그리고 청년기에 나타날 수 있는 발달장애의 진단 준거를 충족시키는 대표적인 장애에는 정신지체와 전반적 발달장애, 학습장애, 운동기술장애, 의사소통장애 등이 포함된다(김승욱·김은경,1997).

2. 발달장애아동의 자기표현 특징과 미술치료

발달장애아동의 미술표현 활동의 특징을 일반아동과 비교하면 다음과 같다.

① 성장이 속도는 느리지만 비교적 정상적인 성장 패턴을 보여준다.

② 인물표현에 있어 신체부위 간의 연관성이 부족하며 유치하고 성숙한 표현이 동시에 공존할 수 있다.

③ 형태나 주제는 일반아동보다 고정적, 반복적이다.

④ 지각적 과제와 연상능력 부족으로 신체적 균형이 결여되어 있다.

⑤ 촉각적 형태의 경험에 의존한다.

발달장애아동은 미술활동에 있어서 일반아동과 비교할 때 발달의 속도가 느리고 수준이 낮지만, 그 기본적인 발달패턴은 크게 다르지 않다고 보아야 할 것이다.

이들에게는 신체적·정신적인 자극을 필요로 하고 이들의 동기 유발에 있어서는 매우 활동적이고 반복 행동적이며 좀 더 흥미 있는 언어적 동기화를 필요로 한다. 그렇게 함으로써 그들의 잠재된 미술표현력을 개발하고, 빈약하고 고착된 개념의 틀을 좀 더 풍부하게 하고 활성화시킬 수 있을 것이다.

V. Lowenfeld는 발달장애아동에게 사물에 대한 관찰력이나 표현력을 신장시켜주고, 창조적 성취를 경험시켜 자신감을 불러주는 방법은 여러 측면에서 고려될 수 있을 것이나, 가장 용이한 방법 중의 하나가 미술치료교육을 통한 방법이라고 주장하였다.[11]

미술경험을 통한 미적 경험의 통합적인 효과는 장애 아동들의 영역에서만큼 분명히 보여 지는 것은 없다. 이 방법은 여러 방면에서 좌절감을 많이 느낀 발달장애아동에게는 아동의 약점보다는 장점에 의거하기 때문에 교사나 아동이 좌절감을 덜 느끼게 되어 가장 자연스러우며 교육내용에 쉽게 적응하는 좋은 방법이라고 할 수 있다.[12] 예를 들면, 미술치료실 안에서 여러 가지 형태를 갖춘 도구와 전신거울을 이용하여 발달장애아동의 모방하기에 따른 통합 미술치료가 현장에서 사용되어지기도 한다.

미술활동은 아동이 경험한 바를 미술이라는 수단을 통하여 표현하게 하는 것으로서 그들의 경험을 보다 명료하게 심화시키고, 사물의 개념파악과 공간 형태의 이해를 돕는다. 그리고 미술활동을 통해 성격 교정 및 치료, 욕구와 흥미의 충족, 정서의 안정을 도모할 수 있고, 근육활동을 사용함에 따라 손의 유연성을 발달시키는 효과를 얻을 수 있다. 따라서 이와 같은 미술활동의 효과는 발달장애아동에게 보다 유용한 사회의 일원으로 성장시키는 데 중요한 역할을 할 것이다.

발달장애아동의 미술활동은 결과도 중요하지만 아동의 능력과 성실한 작

---

11) 장영진, 「미술놀이를 통한 정신이상의 표현력 신장방안」(석사학위논문, 1993).
12) 권정택, 「찰흙놀이를 통한 특수학급어린이의 자기표현에 관한 연구」(석사학위논문, 단국대학교 교육대학원, 1994), p.12.

업태도에 비중을 두어 재료에 흥미와 자신감을 갖고 자기를 표현했는가도 평가해 주어야 할 것이다.

전반적인 발달 결함으로 인한 발달장애아동의 점토미술치료 작품은 자기표현에서 형식에 구애받지 않으며 억압된 감정을 분출함으로써, 그 완성도가 낮을 지라도 그들의 내면세계를 관찰하고, 이해할 수 있는 창구의 역할을 하는 것이다.

그러므로 결과보다는 과정을 중요시해야 하며, 아동들 나름대로 점토작업에 열중함으로써 눈과 손의 협응 작용에 의해 자기만족감, 성취감의 효과도 가질 수 있을 것이다.

현재 대부분의 발달장애아동의 미술치료는 조기교육과 함께 병행함을 볼 수 있다. 점토미술치료는 자연물과의 연관관계에서 가장 좋은 치료적 재료로, 발달장애아동에게 탁월한 효과가 있음에도 불구하고 그 접근방법에서 많은 어려움을 느끼고 있다.

미술치료에서 다양한 재료를 많이 접하면서, 발달장애아동의 미술치료실 안에서의 미술활동이 활발해지고, 호기심 어린 눈으로 여러 재료에 대한 탐색이 이루어짐을 알 수 있다. 이것은 어린이 자신이 보고 듣고 느끼고 경험한 것을 자연스럽게 표현하는 기본 욕구에 해당하며, 이런 욕구는 발달장애아동을 비롯한 모든 장애아동에게도 예외일 수는 없다.[13]

또한 발달장애아동의 미술치료는 그들이 실제 생활에 적응하고 새로운 자기 성장방향을 찾아주는 조기치료에 초점을 맞추어서 이루어져야 한다.

발달장애아동을 위한 미술치료에서 치료사는 장애의 유형과 특성, 적절한 치료형태를 알고 적용할 수 있어야 한다. 다시 말해서 장애의 유형과 특성을

---

13) 신승녀·정여주·최재영, 『유아미술』(수원: 수원여자대학교, 2002), p.69.

먼저 파악해야 되고, 인간학적·심리적·사회적·환경적 이해가 전제되어야 하며, 발달심리학적 관점에서 정상유아와 장애유아의 미술적 발달단계를 구별할 수 있어야 한다. 그리고 감각발달 및 신경생리학적 관점을 고찰하고 장려하며 다른 치료와 연계되어 단계적이며 구체적이고도 지속적으로 이루어질 수 있어야 한다.[14]

---

14) Ibid., p.70.

PART 03
미술치료에서의 점토미술치료

미술치료에서의 점토미술치료

1. 점토미술치료의 정의

점토미술치료란 미술치료의 한 부분으로서 입체적이면서도 회화적인 미술치료효과를 가져온다. 이는 점토작업을 통해 심리적인 평형상태를 달성하거나 잠재력을 복구하는 복합적인 미술치료 효과를 가져오는 분야라 할 수 있다.

점토미술치료는 점토가 주는 부드러움과 무엇인가를 만들어내는 성취감 그리고 그것들을 사용할수 있다는 점이 장애아동을 포함한 많은 사람들에게 매력으로 다가온다. 더구나 점토미술치료는 평면과 입체를 함께 다룰 수 있다는 장점이 있다. 따라서 평면작업이 적합한 경우와 입체적인 작업이 적합한 경우를 함께 다룰 수 있는 것이다. 또는 입체적인 형태를 먼저 만들고 다시 다양한 색상을 활용한 평면작업, 즉 도화(陶畵) 등을 활용할 수 있기 때문에 양면성을 함께 추구할 수 있는 장점이 있다.

특히 아동들에게는 소근육의 발달과 그들의 정서적인 안정감과 창의적인 감각을 유발시키기에 좋은 재료이다. 점토미술치료는 정신적 외상, 공포, 불안의 감정들을 경감시키고 수용할 뿐 아니라 심리적인 평형상태를 경험하게 되어

개인적인 성찰과 통찰력을 통해 자신의 개인적인 스트레스를 극복하는 데 도움을 준다. 또한 위축되어 있는 발달장애아동들에게는 창조적인 작업을 통해 자존감을 향상시켜주고, 나아가서는 노인들의 치매예방효과를 주며 청소년들에게 집중력이 증강되어 건전한 사고를 갖게 된다. 또한 재소자들에게 자발적인 점토작업을 통해 고통스럽고도 내적인 혼란을 점토미술치료에서 자신을 표현하고 각자 자신의 문제를 직시하고 스스로 문제를 해결함으로써 심성치료에도 효과를 가져다준다. 정신지체인 경우에도 탁월한 치료효과가 있으며, 다른 장애인들에게도 삶의 보람을 가져오는 희망적인 역할을 한다. 산모에게는 태교의 효과가 있어서 태어날 어린아이에게 창의력과 예술적 감각, 그리고 정서적인 안정감을 취하게 된다.

점토미술치료는 치료적인 효과와 아울러 예방의학적인 효과, 그리고 재활의학으로서의 효과도 뛰어난 분야이다. 이렇게 점토미술치료는 광범위하게 활용될 수 있는 분야이며 미래의 대체의학으로 사용될 것이다.[15)

다음으로는 점토미술치료의 가장 중요한 재료인 점토의 종류와 특성 그리고 입체 조형작업으로서 주는 의미 등을 고찰하여 본다.

2. 점토미술치료의 매체

1) 점토의 종류

'흙'이라는 용어는 한자표기인 점토(粘土)와 혼용해서 쓰이고 있다. 흙, 혹은

---

15) 정동훈, 「미술로서의 도예작업치료」, 『한국예술치료학회지 Vol.1,no.3』(2003. 1), pp.2–3.

토(土)가 의미하는 바와 같이 주로 규석과 점토질을 주성분으로 하는 광물질의 집합물로서 점성과 가소성을 특징으로 한다. 즉 점토는 약 20%의 수분을 함유한 물렁물렁하고 끈기가 있으며 가소성이 있는 재료를 지칭한다.

도예용 점토는 배토(坏土), 태토(胎土) 또는 흙, 점질, 질 등의 순수한 전통 용어로도 불리며, 소성결과에 따라서 청자토, 백자토, 분청토, 옹기토, 조합토 등으로도 불린다.

국내 미술치료에서 주로 사용하고 있는 찰흙은 대부분 일반적인 대용점토로서 소성(燒成, Firing), 즉 도예의 마지막 단계인 불에 구워내는 과정을 실시할 수 없는 재료들이다. 따라서 이 책에서는 도예용 점토만을 사용하였으며, 명칭 또한 점토(粘土, Clay)로 통일한다. 여기에서는 이미 국내 미술치료계에서 사용되고 있는 대용점토 등의 종류와 특성을 정리하고자 한다.

점토는 크게 자연 점토와 대용 점토로 나눌 수 있다. 대용점토는 재료에 따라 여러 가지 종류로 구분된다. 다음에서는 다양한 점토의 종류를 알아보고 그것을 만드는 재료와 방법, 특성 등을 고찰하고자 한다.

(1) 자연 점토

시판되고 있는 점토는 여러 종류가 있지만 문구점에서 구할 수 있는 만들기용 점토는 품질이 균일하지 않고 특히 건조과정에서 균열을 일으키는 단점이 있다. 한편, 도자용으로 반죽되어 나오는 백자토와 청자토가 있는데 대개 10kg 단위로 포장해서 판매한다. 청자토는 황색으로 가격 면에서 백자 토보다 싸다. 요즈음은 작가 스스로 필요해서 만드는 조합 토가 있는데 발달장애 아동에게는 거칠어서 필자는 잘 사용하지 않았다. 필자는 건조가 잘 되지 않고, 너무 입자가 곱지 않으면서 어느 정도의 불순물이 섞여 있는 옹기 토를 선

호하는 편인데 입체물 제작에도 바로 세워서 작업할 수 있어 좌절감보다 성취감을 더 많이 느낄 수 있다. 또한 1차소성(초벌) 테라코타와 같은 효과를 느낄수 있어 더욱더 좋은 것 같다.

점토 보관 방법은 공기가 통하지 않도록 뚜껑이 있는 플라스틱 통 안에 비닐에 싸서 넣어두거나, 젖은 천 등을 덮어 다시 비닐에 넣어두면 항상 작업하기 좋은 상태를 유지할 수 있다.

점토는 소성하지 않는 한 재반죽하거나 보관해 계속적으로 사용할 수 있으므로 질 좋은 점토를 사서 사용하는 것이 오히려 경제적이다.

(2) 대용 점토

자연 점토의 사용이 마땅치 않거나 유·아동의 다양한 재료경험을 위해서 대용 점토를 활용할 수 있다. 점토 만지기에 겁을 먹고 망설이거나 손이 더러워지는 것에 저항감을 갖는 유·아동에게 적합하지만 점토 표면에 압력을 가했을 때 섬세하고 고정된 자국을 남기지 못하므로 감각경험 면에서 제한적이라는 단점이 있다.[16]

① 밀가루 반죽

가루 재료들을 반죽 그릇에서 잘 섞은 다음 물을 천천히 부으면서 숟가락으로 젓는다. 반죽이 숟가락 주위에 공 형태로 엉키게 되면 적당한 상태이다. 물에 식용색소를 타서 반죽하면 매력적인 색 점토를 얻을 수 있으며 아이들이 대단한 흥미를 갖는다. 물의 양을 줄이고 식용유를 첨가하면 굳지 않는 점토가 된다. 백반을 첨가함으로써 밀가루 점토의 보존기간을 늘릴 수 있다. 밀가루 대신에 벌

---

16) Peggy Davison Jenkins, 김수영 역, 『재미있는 미술공부』(서울: 교육과학사, 1995), p.190.

레 먹은 식용으로 사용할수 없는 쌀을 빻아서 쓰게 되면 아이들이 밀가루의 표백된 색보다 쌀 특유에 냄새로 인해 더 좋아하며, 나이가 어린 아동이 형태를 만들기에도 손에 끈적거림이 밀가루보다 덜 해서 흥미를 갖는 것을 볼 수 있다.

② 전분(녹말) 반죽

소금과 물을 섞어 두꺼운 냄비에 넣고 중불로 달군 다음 전분을 조금씩 넣는다. 열을 가해 덩어리로 엉길 때까지 섞는다. 밀가루 점토보다 부드럽고 색물이 잘 들어 반죽상태에서도 색소를 첨가할 수 있다는 장점이 있다.

③ 톱밥 반죽

자연 점토를 대체할 수 있는 가장 간단하고 싸고 자연적인 재료이다. 가면이나 협동 작업으로 진행되는 보다 큰 조형물, 디오라마의 제작 등 활용 폭이 넓다. 흰 아교와 석고가루를 1ts씩 넣어주면 점성이 강해진다. 건조하는 데 오랜 시간이 걸리고 마르는 동안 습기에 의해 부패될 수 있으므로 바람이 통하는 곳에서 말려야 한다.

④ 종이 반죽

잘게 찢은 신문지를 물에 넣고 끓여서 펄프 상태로 만든다. 물기를 짜낸 다음 밀가루 풀을 섞고 백반을 첨가해 마르는 동안 부패하지 않게 한다. 건조시간이 길다.

⑤ 유성 점토(조형 점토)

다양한 색이 있고 굳지 않기 때문에 여러 번 사용할 수 있다. 그러나 가격이 비싸서 충분한 양으로 작업하기 힘들고 낮은 기온에서는 딱딱해지는 단점이 있다. 유성점토는 무엇에 사용하든 무엇을 하든 매력적으로 보이며, 아름다운 다양한 색상을 가지고 있는 다루기 쉬운 매체이기 때문에 성공적인 결과를 촉진시킨다.[17] 최근에 천사점토, 폼클레이, 점핑클레이, 아이클레이등 다양한 종류가 있다.

2) 점토의 특성

(1) 점토의 일반적인 특징

안종호는 입체조형교육에 있어서 '어린이의 신체발달상 손과 간단한 도구의 사용으로 점토보다 더 자유로이 가공될 수 있는 소재를 찾아보기 어려울 뿐만 아니라 자연의 흙에 친근함을 갖도록 하는 것은 교육적으로 뜻 깊은 일'이라고 말하면서 점토의 특성으로 유연성, 변형성, 집착성, 변질성, 촉감성, 정신성 등 여섯 가지를 들고 있다.[18]

① 유연성

점토의 부드러움을 의미한다. 함수율에 따라 그 정도가 달라지기 때문에 적당한 함수량을 유지하도록 하는 것이 점토를 다루는 데 있어 가장 기본적이면서 중요한 점이다.

---

17) 주디 루빈, 김진숙 역 『미술심리치료 총론』(서울: 한국표현예술심리치료협회, 2001), p.134.

18) 정찬국, 「체험적 입체조형교육을 위한 재료연구: 점토를 중심으로」, 『청주교대논문집 제27집』 (1990), pp.139-140.

② 변형성

일정한 양을 형성하고 있는 점토에 외부 압력을 가하면 그 형태가 변하게 되는데 손바닥이나 손가락 또는 간단한 도구에 의해 얼마든지 다양한 형태로 변형이 가능하다.

③ 변질성

점토를 건조시켜 가열하면 그 물질적 성질이 크게 변질된다. 점토는 일종의 열경화성 물질이라고 할 수 있는데 이러한 성질을 이용하여 테라코타나 도자기 등을 제작할 수 있다.

④ 촉감성

피부를 통해 제작된 촉감을 말하는데 재질의 감촉이나 온도감 등에 의해 다른 촉감성을 갖게 된다.

⑤ 정신성

쾌적함과 안정감 등의 정신적·정서적·심리적 특성을 갖는 것이 점토의 중요한 특성 중 하나이다. 정신성은 근육운동을 통해 외면적 활동을 촉구하는 경우와 피부 감촉을 통해 내면적 정서가 연결되는 경우가 복합적으로 적용된다.

(2) 점토의 조형표현 재료로서의 특성

고유한 성질 때문에 인류 역사 속에서 오랫동안 친근한 예술 표현 재료로 애용되어온 점토의 조형표현 재료로서의 특성을 살펴보면 다음과 같다.[19]

---

19) 정찬국, op.cit., pp.140-141.

① 정서적인 면

인간은 흙으로부터 와서 결국 다시 흙으로 돌아간다는 말이 의미하듯이 흙은 인간에 있어 본향과도 같은 영혼성을 지닌 물질이다. 이것은 우리가 흙을 만지고 흙내음을 맡으면서 향수와 같은 정서를 느끼는 것과도 관련 있다.

기계와 인공구조물 속에 갇혀 자연으로서의 본성을 잃어 가는 현대인에게 점토는 단순한 조형재료를 뛰어넘어 자연과 본성을 느끼고 체험하게 하는 의미를 가진다. 이뿐만 아니라 점토는 풍부한 가소성과 변형, 변량성으로 어떠한 형태로도 조형이 가능하기 때문에 무한한 상상력을 가지고 미지의 조형 세계에 몰입하여 새로운 형을 만들어내는 가운데 창조성을 계발할 수 있다.

② 재료의 효용성

점토는 우리 주변에서 가장 쉽게 구할 수 있는 재료이다. 특히 점력이 높은 질 좋은 점토를 우리나라 곳곳에서 풍부하게 얻을 수 있다. 가격 또한 저렴해서 경제적인 부담을 크게 느끼지 않으면서 풍부한 재료경험을 할 수 있는 장점이 있다. 그리고 함수량을 유지할 수 있도록 물을 뿌리고 밀봉을 해두면 언제든지 다시 사용할 수 있기 때문에 효용성이 높은 재료이다.

③ 조형표현 면

점토는 가소성이 매우 뛰어난 재료이면서 접착성이 높은 양재이다. 그러므로 작업과정 속에서 형이나 양을 바꾸기 쉬우며 이것이 조형재료로서 점토를 체험하는 가장 기본적이고도 중요한 제작행동이다. 즉, 덧붙이거나 자르거나 뜯어내거나 쌓는 등, 그 양을 바꾸는 행위를 기본적으로 누르고 뭉치고 펴고 늘이는 등 형태를 변화시키는 방법, 표면에 다른 물체를 찍어 흔적을 남기고

긁어서 표면의 느낌을 다르게 표현하는 등의 방법으로 표현을 무한히 확장시켜 나갈 수 있는 조형표현의 가능성을 가지고 있다.

3) 점토 조형표현 방법

무한한 가능성을 지닌 조형재료인 점토의 기본적인 조형 표현방법은 크게 형을 변화시키는 방법과 양을 변화시키는 방법으로 나누어 볼 수 있다.[20]

(1) 형의 변화

① (옴팍하게) 누른다

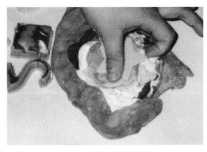

점토의 표면을 신체(손)나 물체로 누르면 옴팍하게 들어가면서 표면에는 섬세한 흔적이 생긴다. 반복적으로 찍거나 구체적인 형상을 생각하며 찍는 등 다양한 표현이 가능하다.

20) 안명자, 「점토놀이를 통한 유아기 조형감각 계발」(석사학위논문, 성신여자대학교 교육대학원, 1994), pp. 17~23.

② (띠 모양으로) 늘인다 - 코일링 기법

점토를 두 손바닥 사이에 두고 비비거나 바닥에 대고 비벼 굴리면 긴 끈 모양이 만들어진다. 끊어지지 않게 꼬거나 옆으로 이어 넓적한 면으로 변화시킬 수 있으며, 끝과 끝을 이으면 고리 형태가 만들어진다. 또한 연결해서 위로 쌓아올리면 그릇 형태도 가능하다. 도예작업의 기초라고 볼 수 있으며, 손을 이용한 모든 작업에서 가장 많이 쓰인다고 본다.

③ (넓적하게) 편다 - 판성형

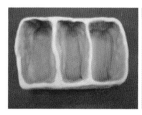

손으로 누르거나 두드려서 혹은 밀대를 이용해 점토를 넓적하게 편다. 이것을 둥글게 말아서 다시 입체적인 덩어리로 만들 수 있다. 사각이나 판, 즉 직사각형의 형태의 모든 작업에 용이하며 표면에 여러 가지 질감을 집어넣을 수 있다. 구멍을 뚫어 새로운 형태(투각)를 만들어낼 수 있다.

④ (동그랗게) 뭉친다

손이나 바닥에 점토를 놓고 원을 그리며 굴리면 둥근 공 모양이 된다.

특히 주의 집중이 잘 되지 않는 아이에게 조용한 음악을 틀어 놓고 준비된 계란판에 숫자를 세면서 만들기를 시킨다면 의자에 앉아 있는 시간도 길어지며 자신이 만든 동그란 형태에 관심을 보인다. 그 다음에 마카로니 종류나 씨앗을 동그라미에 눌러 하나의 조형물을 만든다면 자신감과 성취감을 기를 수 있다. 여러 개의 점토로 공을 만들어 투명한 용기에 채워 넣거나 늘어놓는 방법으로 새로운 형태를 만들 수 있다.

 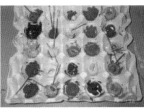 

철사나 막대에 꿰거나 여러 개를 쌓아올리는 작업을 통해 선재로 면재, 입체 조형으로 전환되어 가는 입체 조형 경험을 할 수 있다.

⑤ (덩어리에서) 집어낸다

한 덩어리의 점토에서 다른 형태를 만들어낸다. 손을 사용해서 손톱이나 손가락을, 그 밖에 도구나 자연물을 활용하여 덩어리 점토에서 다른 조형물을 자유롭게 만들어낼 수 있다.

(2) 양(量)의 변화

점토는 점성을 가진 소재로 필요에 따라 덩어리를 자르고 떼어냈다 다시 잇고 붙이는 등 양의 증감이 자유롭다.

이는 유아 발달장애아동들에게 소근육 운동을 촉진하는 아주 좋은 재료이다. 대부분의 아이들이 점토 만지기를 좋아하기 때문에 놀이적인 방법으로 점토를 활용하면서 치료효과를 추구할 수 있다. 특별한 작품을 창작하기보다는 마치 모래놀이 하듯이 점토놀이를 통하여 그들의 창의적인 능력과 심리적인 진단까지도 가능한 것이다. 점토를 던지기도 하고 발로 밟기도 하며 나무칼로 자르기도 할 수 있으며, 한순간에 입체적인 조형물로 변화시킬 수도 있기 때문에 점토의 특성인 가감기법은 다양한 치료효과를 추구할 수 있다.

① 증량 기법

점토의 증량 기법은 점토의 점성을 활용하여 아주 손쉽게 서로 접착하게 된다. 이때에 약간의 힘을 줌으로써 아동의 소근육 활동을 돕게 되며 본인의 의지에 의하여 접착하게 됨으로써 접착력을 증강하게 한다. 작은 조각을 서로 붙여서 형태를 만들거나, 코일링을 사용하여 형태를 쌓아가거나 판상의 점토를 이어가는 등의 기법을 활용하여 흥미를 유발하는 계기로 삼을 수 있다.

ㄱ. 붙인다

큰 덩어리의 점토에서 크기나 모양을 다르게 떼어서 하나하나 붙여서 또 다른 형태를 표현하는 방법이다.

ㄴ. 잇는다

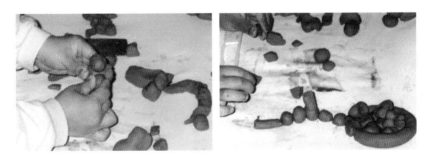

긴 선의 모양(코일링 기법)은 양손을 사용하여 밀어서 만든 다음, 긴 선을 서로 붙여 이어가는 형태를 볼 수 있다.

ㄷ. 쌓는다

떼어낸 점토 조각을 가지고 하나하나 쌓아서 산이나 여러 형태를 유도해 가며 만들어낼 수 있는 방법이다. 이 방법은 발달장애아동들에게 입체감을 느끼게 하며, 아동 자신이 하나하나 쌓은 형태에 대한 만족감을 느낄 수 있어 자신감을 갖는 데에는 좋은 방법이다.

② 감량 기법

감량 기법은 커다란 덩어리로부터 떼어내면서 형태를 만들거나 철사나 손으로 자르거나 또는 덩어리의 점토를 파낼 수도 있다. 점토의 특성상 커다란 덩어리의 점토로부터 자르거나 떼어내면서 창작을 하게 되면 입체적인 형태 감각이 많이 증진된다. 따라서 유아 발달장애아동에게는 형태 감각이 아주 저조하기 때문에 감량기법을 활용하면 많은 치료효과를 가져올 수 있다.

ㄱ. 떼어낸다

큰 덩어리의 점토에서 조금씩 떼어내어 만드는 방법이다. 덩어리는 아동이 두 손을 감싸서 만질 수 있는 크기가 적당하다. 점토를 만지고, 얼마만큼 점토가 떼어졌는지를 알 수 있어 형태 변화를 느낄 수 있다.

ㄴ. 자른다

　코일링 기법으로 긴 선을 만든 다음, 점토의 길이를 일정하게 잘라가는 방법을 보여주면서 수를 세거나 같은 크기의 모양을 발견할 수 있는 방법이다. 크기를 자르는 도구로는 도예 도구나, 플라스틱 케이크 칼을 사용하면 아동이 다칠 염려가 없고, 주변에서 쉽게 구할 수 있어 흥미를 갖게 한다.

ㄷ. 파낸다

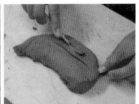

　점토덩어리에서 도예도구를 사용하여 조금씩 파내는 작업이다. 형태를 달리할 수도 있으며 파내는 도구도 수저에서부터 다양한 도구를 사용하여 직선이나 곡선의 모양을 볼 수 있다.

3. 점토미술치료의 기법

점토미술치료를 크게 3가지의 형태로 나누어 보면, 평면, 평면+입체(반입체),
입체를 들 수 있다. 그 후의 작업 형태로 보면 '유약과 소성'의 순서를 넣을 수
있는데, 유약소성은 발달장애아동에게 성취감 향상과 작품이 소성 후 변화해
서 나오는 기대감과 신비감을 느낄 수 있다. 각 단계별로 구체적인 기법을 제
시하면 〈표 1〉과 같다.

〈표 1〉 단계별 점토미술치료 기법

단계	점토작업의 형태	목표	구체적 기법
1단계	평면	① 점토의 특성을 알고 친숙해지기 ② 신체접촉과 재료 탐색	① 점토놀이를 통한 촉각과 운동감각의 훈련 ② 손 모양 찍기(신체본뜨기) ③ 캔버스 천 위에서 흙 밟기 ④ 점토 핑거페인팅 ⑤ 점토판에 다양한 모양 찍기 ⑥ 점토 주무르기, 누르기, 두드리기, 치기 ⑦ 점토를 던져 연상그림 그리기 ⑧ 분무기를 이용한 도판작업-화장토를 희석하여 스프레이에 넣고 뿌리기 ⑨ 점토(공) 만들어 굴리며, 코일링 기법을 치료사와 함께 경험하기
2단계	평면+입체	① 점토의 양, 크기, 차이와 형태의 변화 ② 도구를 활용한 다양한 작업	① 점토 굴리기/늘리기 ② 무늬찍기-과자 틀, 인화문 도장 찍기 ③ 자연물을 찍어보고/자연물을 세워보기+인공물을 찍어보고, 꽂아보기 ④ 얼굴 만들기(가족 얼굴 만들기) ⑤ 공 만들어 막대에 끼어보기+납작하게 판을 만들어 막대에 꽂아보기 ⑥ 손 모양(석고)뜨기 ⑦ 석고 틀 응용하여 동물 형태 찍어내기+형태 관찰하기 ⑧ 달팽이 모양으로 만들어 세워보기 ⑨ 둥글게 만들어 계란판에 넣고 다양한 재료로 표현하기+둥글게 만들고 다시 손가락으로 모양 만들기 ⑩ 점토와 모루를 이용한 움직이는 인형 만들기 ⑪ 점토덩어리 구멍 뚫어 형태를 연상해 보기

3단계	입체	① 점토작업으로 입체물 표현하기 ② 다른 재료와 결합하여 입체물 표현하기	① 떼어 붙이기/뭉치기 ② 점토 블록 쌓기-말기/쌓기 ③ 알 만들어 다양한 도형 만들기 ④ 반죽하기(덩어리 작업)-두 개 점토를 뭉쳐서 섞어가는 과정에서 만들어지는 입체물 ⑤ 덩어리 점토에서 구멍 뚫어 터널 만들기 ⑥ 물레 성형(손, 발 물레) ⑦ 증량, 감량 방법을 이용한 입체 작업 ⑧ 무늬 찍어 소성 후, 모빌 만들기 ⑨ 핀칭 기법-화분, 그릇 만들기 ⑩ 점토로 만든 구슬에 구멍 뚫어 초벌 후, 끈으로 연결해 목걸이 만들기 ⑪ 점토덩어리 위에 자연물을 이용한 정원 꾸미기 ⑫ 자화상이나 상징물 만들기

◆ **1단계: 평면작업**(자유로운 활동)

1) 점토놀이를 통한 촉각 및 소근육, 대근육의 운동감각을 익힐 수 있다.

2) 손 모양 찍기(신체 본뜨기)

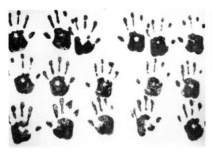 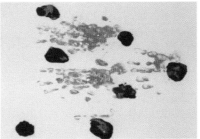

흙 위에 아이의 손모양(지문) 등 세밀한 흔적이 남는다 – 유희적 놀이를 통한 라포형성, 치료사와의 관계형성을 맺는 데 좋다.

3) 캔버스 천 위에서 흙 밟기 – 흙의 발의 감각 느끼기

4) 점토 핑거페인팅

흙(화장토)과 물의 조합이 내담자에게 자신의 신체의 일부를 탐색하게 한다.

5) 점토 주무르기, 누르기, 두드리기, 치기

양손에 감싸 안은 흙을 쥐고 주무르고 주무르다가 누르기를 한다. 누르고 난 후에 양손을 이용하여 판에 두드리기를 한다. 두드리기를 하다 다시 뭉쳐서 치기를 한다. 점토와 신체가 함께 느끼는 놀이를 해봄으로써 신체의 인식 및 손의 감각을 느낄 수 있다.

6) 점토판에 다양한 모양 찍기

점토를 납작하게 밀대로 민다. 1cm 두께 정도로 앞뒤로 밀어서 다양한 모양틀을 이용해서 찍기를 한다. 찍어낸 모양틀에 빨대로 구멍을 뚫게 한다.

7) 점토를 던져서 만든 흙의 이미지(image)를 보고 연상그림 그리기

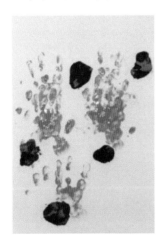

공격적인 행동의 완화 - 만들어진 한정된 공간에서 흙을 만들어 마치 다트 게임처럼 던지기를 하여 자신의 점수와 함께 승부욕을 자극하며 공격성과 집중력을 길러준다.

던진 흙이 어떤 모양을 형성하면 그 모양 옆에 연상되는 형태, 색 등을 첨가하여 그림을 그려 넣는다. 2단계의 작업의 승화를 느낄 수 있다.

8) 분무기를 이용하여 밀어놓은 도판에 그림 그리기

화장토를 희석하여 분무기가 막히지 않게 하거나 물감에 물을 적당히 넣고 판에 물감을 뿌려서 자유연상의 이미지(image)를 만들어 낸다.

점토판 위에 다양한 색상을 뿌림으로써 아동이 손의 근육을 이용하여 분출되는 것을 느낄 수 있게 하였다.

Tip: 그림으로 보여주는 이미지(image)가 현대미술화가인 잭슨 폴록(Paul Jackson Pollock)[21]의 그림으로 미술사를 이해한다.

전분에 물감을 섞어서 하는 작업과 비슷하다. 전분과 물을 1:1 비율로 혼합하고 그 안에 물감을 넣어서 마치 실처럼 늘어지듯 도화지 위에 그림을 그린다. 다 마른 후에 전분을 떼어내고 그 위에 날카로운 펜이나 사인펜으로 그림을 더 덧붙인다.

9) 점토를 굴려서 공 만들기(양손으로 공 만들기)

두 손을 사용하여 흙을 손에 쥐고 판손을 사용하여 마음의 공을 만들어 본다. 손에 쥘 정도로 내담자의 손에 맞게 흙을 준다.

◆ **2단계: 평면+입체 작업**

1) 점토 굴리기/늘이기

---

21) Paul JaksonPollok(1912~1956), 미국의 화가로 추상표현주의(액션페인팅)의 대표적인 작가 (Naver 용어사전).

2) 무늬찍기 - 입체적인 도구의 사용

쿠키모양틀, 인화문도장 찍기

3) 자연물을 점토에 찍어 보기+인공물을 찍어 보고 꽂아보기

 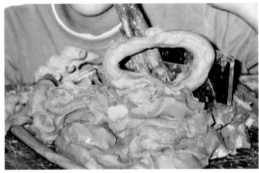

4) 얼굴 만들기(가족 얼굴 만들기)

① 소근육으로 자신의 손에 잡아서 굴릴 정도 크기의 점토로 공모양을 만
든 후 납작하게 얼굴모양을 만든다.
② 그 얼굴모양에 동그란 눈과 뱀모양으로 하여 코와 입을 붙여주면서 사

람의 표정을 만들어낸다.

③ 국수짜기 도구를 사용하여 라면모양의 머리카락을 만들어 인물의 특징에 따라 긴 머리, 짧은 머리를 만들어 완성한다.

④ 누군지에 대한 명명하기를 하고 가족의 얼굴 모양을 본인이 놓고 싶은 위치에 놓아 완성한다.

5) 공 만들어 막대에 끼워보기

① 작은 공, 큰 공을 만들어서 이쑤시개나 산적꽂이, 철사에 꽂아 목걸이를 만든다. 또한 다른 방법으로 작은 공, 큰 공을 만들어 납작하게 만든 후 빨대에 꽂아 나열하여 작품을 만든다. 이를 통해 숫자의 개념도 같이 익힐 수 있다.

6) 손모양 (석고) 뜨기

고운 점토에 손을 찍은 후에 석고를 개어 다른 손을 만든다(석고를 갤 때 아동들이 좋아하는 색을 물에 개어서 만들면 아이의 심리적인 색도 볼 수 있으며, 감정의 변화도 볼 수 있다).

Tip: 석고에 구멍을 뚫어 놓는다면 벽에 걸 수 있는 작품으로 발전시킬 수 있다.

7) 석고틀을 응용하여 동물모양 찍어내기 및 형태 관찰하기

① 점토를 4cm 정도의 두께로 두껍게 내담자가 원하는 모양으로 자른 후에 그 점토 안에 동물모양틀을 눌러서 찍어낸 후에 점토로 그 주변의 테두리를 만든다. 그곳에 석고와 물을 1:1 비율로 섞어서 붓는다.

② 석고의 물기가 없어지고 약간 뜨거워지고 난 후에 차가워지면 점토와 석고판을 분리한 후 석고판에 묻은 점토를 물로 씻어 벗겨내고 잘 건조한다.

③ 동물모양 석고판을 손으로 만지면서 감각적인 질감을 느껴보고, 그 동물의 이름을 익힌다.

8) 달팽이모양을 만든 후에 세워서 보기

점토를 코일링 방법으로 가늘게 늘인 후에 다시 나선형으로 모아서 달팽이 껍질 모양을 만든다. 나선형보다 두껍게 코일링을 한 후에 달팽이껍질 모양에

붙여서 달팽이를 만든다. 여러 크기로 달팽이를 만들어서 납작한 판 위에 붙인다면 달팽이 가족을 만들 수 있다.

9–1) 둥근 공모양을 만들어 계란판에 놓고 다양한 재료로 표현하기

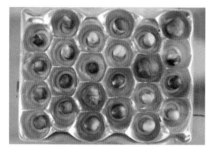

① 둥근 모양을 만들어 준비된 계란판에 둥근 계란을 만들어서 여러 가지 오브제 재료(마카로니, 단추, 수수깡 등)를 활용하여 여러 모양을 만들어 본다.
② 그 모양들을 건조한 후 수채화 물감이나 아크릴 물감을 이용하여 채색을 한다.
③ 채색 후에 내담자와 함께 모양을 바꾸어서 또 다른 작품을 만들어낸다.

9–2) 둥글게 공모양을 만들고 다시 손가락으로 모양 만들기
둥글게 공모양을 만들고 난 후에 다른 오브제를 사용하지 않고 손가락을

이용하여 힘주어 눌러 손의 지문과 다양한 모양을 표현해 본다.
ex: 인공점토(점핑클레이, 아이클레이)를 이용해서 작업을 해도 무관하다.

10) 점토와 모루를 이용한 움직이는 사람인형 만들기

둥근 모양의 머리와 네모모양의 몸을 만들고 모루를 사용하여 목, 팔, 다리를 만들어서 사람모양을 만든 후에 작게 공을 만들어 손과 발도 표현한다.

ex: 색을 넣은 밀가루를 사용하여 만들고 손에 달라붙는 것을 줄이기 위해 손에 식용유를 바른 후에 감각자극을 한다. 여름보다는 가을이나 겨울, 봄에 작업하는 것이 만든재료의 부패를 줄일 수 있다.

11) 점토덩어리를 가지고 작업하다가 손을 이용하여 구멍을 뚫어 형태를 만들고 이미지를 연상해 보기

점토덩어리를 조금 떼어내 두 손을 활용하여 점토를 만지며 점토를 질감을 느끼고 손가락을 사용하여 점토에 구멍(흔적)을 내보고 그 점토에서 여러 모양을 찾아본다.

◆ 3단계: 입체작업

1) 떼어 붙이기, 뭉치기

점토를 떼어내어 다시금 붙여나가면서 입체물을 만들어 나간다. 만든 후에 다시 뭉쳐 자신이 만들고자 하는 형태의 성 모양(탑 모양)을 만든다.

2) 점토 블록 쌓기, 말기, 쌓기

점토의 모양을 만들어낸 후에 작은 크기의 모양이 하나하나 쌓아서 형태를 만들어 나간다.

3) 알 만들어서 다양한 형태 만들기

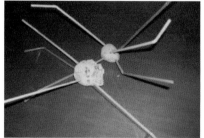

둥근 모양의 알을 만들어서 여러 가지의 모양의 형태를 만들어 간다.

4) 두 개의 점토를 뭉쳐 섞어가는 과정에서 만들어지는 입체 만들기, 반죽하기

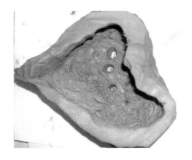 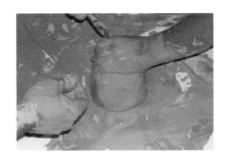

질감(재질)의 성질이 다른 두 개의 점토를 가지고 사물을 만들어 간다(덩어리 작업).

Tip: 서로 다른 성질의 점토의 질감이 손에서 자신의 감정을 변화시킬 수도 있다.

5) 점토덩어리에 구멍 뚫어 터널 만들기

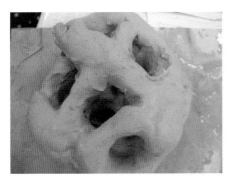

점토덩어리를 두 손의 손가락과 적당량의 물을 사용하여 구멍을 만들어 가면서 자신의 심리적인 공간(안식처)의 터널을 만든다.

6) 물레 성형(손, 발 물레)

물레 위에 점토를 놓고 점토를 끌어올려서 입체적인 그릇이나 형태를 만들어간다.

Tip: 발 물레는 만드는 사람이 자신이 손, 발의 감각을 느끼게 하는 데 좋은 도구이다.

7) 증량, 감량 방법을 이용한 입체작업

흙을 최대한 끌어올려서 자신의 마음속의 형태를 만들어 본다.

Tip: 흙이 주는 가소성이 물과 만나서 더 많이 길게 늘어나는 것을 볼 수 있다. 큰 덩어리의 형태에서 줄칼을 사용하여 자신이 원하는 형태를 방향에 따라 자르면서 직선의 의미를 이해하고 형태감을 익힐 수도 있다.

8) 무늬 찍어 소성 후 모빌, 목걸이 만들기

　무늬를 찍은 후에 소성을 걸쳐서 다양한 재료(아크릴, 유성매직 등)를 이용해 채색하여 목걸이나 모빌을 만들 수 있다.

9) 핀칭 기법으로 화분, 그릇 만들기

　덩어리에서 자신이 원하는 그릇의 모양을 만들어 본다. 그 위에 코일링을 하면 크기를 크게 할 수 있다.

10) 점토덩어리 위에 자연물을 이용한 정원 꾸미기

　점토덩어리 작업으로 다양한 형태를 만들어서 마을이나 정원을 만들고 여러 가지 자연물을 이용하여 더 실감 나게 꾸민다.

11) 자화상이나 상징물 만들기

　자신의 모습을 만들고, 여러 가지 자신을 상징할 수 있는 입체물로 표현한다.

◆ 평면: 색이장을 이용한 핑거페인팅과 점토판에 손 모양 찍기

발달장애아동이 점토를 만지는 동안 점토의 질감을 피부로 느끼면서 자연스럽게 점토작업 중에 나는 소리에 귀 기울일 수 있으며 점토가 손에 묻어서 그림이 그려지는 신기한 경험을 하게 된다. 양손과 발을 이용해서 작업하는 과정은 아동들의 소근육을 단련시켜 주며, 거의 온몸을 활용함으로써 신체 각 부분이 고르게 운동이 되며 대근육을 발달시킬 수 있다.

먼저 색이장(colored slip)을 만드는 방법은 단단하게 굳어져서 사용하지 못하게 된 점토덩어리를 조금 잘게 부순 다음 용기에 넣고 물을 부어준 후 하루 정도 지나 산화물을 10% 정도 추가하여 체로 치면 된다. 산화철(FeO)을 첨가하며 밤색이 되고, 크롬(Cr)을 첨가하면 녹색이, 망간(Mn)을 첨가하면 갈색이 되며 아연(Zn)은 상아색이 만들어진다. 이렇게 만들어진 색이장을 서로 혼합하여 탁색을 만들 수도 있다. 이러한 여러 색상의 색이장을 활용하여 점토판에 손으로 그림을 그리게 하면 아주 흥미로운 그림이 창작되며 그 과정에 아동은 자연 치유적인 효과를 얻게 될 것이다.

손 모양 찍기는 점토판에 아동 스스로 자신의 손바닥을 찍거나 손가락으로 눌러서 자신의 일부를 표현하게 함으로써 치료 초기에 치료사와 발달아동과의

라포 형성을 촉진시킨다. 이렇게 손바닥이 찍혀 있는 판상을 활용하여 또 다른 표현의 창작활동을 지시하여도 좋은 결과를 가져올 수 있다. 즉, 손바닥이 찍혀 있는 모습을 활용하여 그림을 연결시키거나 입체적인 표현을 추가하게 하는 것이다. 또는 다른 아동의 손바닥에 자신의 손을 넣어보는 방법도 좋다.

◆ 평면+입체(반입체): 찍기 놀이+얼굴 만들기

발달장애아동을 치료하기 전, 검사단계에서 아동의 재료에 대한 반응을 관찰할 필요가 있다. 이때에 점토를 활용하면 좋다. 대부분의 아동들은 점토놀이를 좋아한다. 그리고 점토로 본인의 생각을 표현하도록 유도하면서 그들의 심리적인 문제점을 분석할 수 있을 것이다. 각각의 아동은 다르게 점토의 사용에 접근할 것이다. 그리고 치료사들은 치료사의 참여와 개입의 속도와 특징을 결정하는 데 있어서 아동으로부터의 단서에 민감해야만 한다.

점토판을 이용하여 입체적인 형상으로 전환하는 손쉬운 방법은 가면 만들기, 얼굴 만들기를 시도하면 재미있다. 먼저 점토판을 적당한 크기로 펴서 둥그런 현상의 틀(플라스틱 바가지나 둥근 용기 또는 점토로 둥글게 바탕을 미리 만들어준다) 위에 올려 놓아주면 바로 가면 같은 모양이 만들어진다. 그 다음

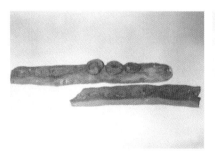

에 아동 스스로 얼굴을 표현하게 한다. 즉, 눈, 코, 입, 귀 등을 본인이 만들어 첨가하게 함으로써 아동의 인지능력을 측정할 수 있을 것이다. 대개의 아동들은 가면 만들기를 아주 좋아한다. 평면으로부터 아주 쉬운 방법으로 입체적인 표현능력을 관찰할 수 있을 것이다.

또한 점토판을 이용하여 간단한 접시나 필통 등을 만들 수 있다. 점토판을 만든 후 가장자리에 신문지를 말아서 고여 주면 접시모양이 된다. 형태가 만들어진 후 색이장을 사용하여 그림을 그리거나 손가락으로 그림을 그리게 하면 아주 흥미로운 작품이 창작된다. 손쉬운 기법이면서도 실용적인 접시를 만들 수 있기 때문에 아동들에게 흥미를 유발할 수 있으며 미술치료에 대한 적극적인 자세를 가지게 된다. 점토판을 만든 후 콜라 병이나, 음료수 깡통을 둥글게 말아주면 쉽게 필통이나 컵을 만들 수 있다

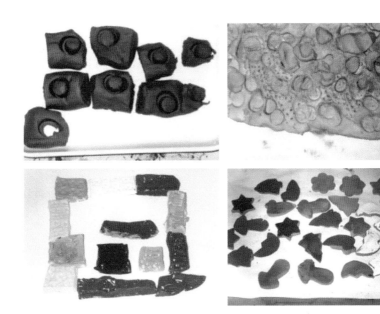

◆ 입체: 조형물 만들기

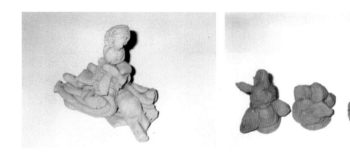

점토미술치료 중에서 만들기의 마지막 단계로 아동들이 쌓기에서 보다 더 많은 입체조형물을 만들 수 있으며 그 방법을 모래놀이에서 성을 만들듯이 점 토를 하나하나 쌓아서 만드는 과정을 일컫는다. 그 방법으로는 여러 가지가 있다.

입체조형물을 직접 모델링하는 경우에는 작품이 손이나 도구로 점토를 다루

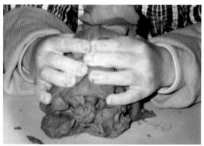

는 데서 생겨나는 표면 질감과 직접적인 감정이 유지된다. 석고를 사용하여 틀을 만드는 경우 부드럽고 매끄러운 표면을 만들 수 있다. 점토 조형물을 주물러 만드는 방법에는 종합적인 방법과 분석적인 방법이 있다. 이 방법들은 사람의 형상을 만들 때 많이 쓰이는데, 이를 통해 내담자의 성향을 알 수 있으며, 완성된 형태에서도 각 내담자만의 특징을 알 수 있다.

1) 종합적인 방법

형태를 만들 때 대상의 각 부분을 전체로 종합하여 대상을 만드는 것으로 부분을 연결하여 종합하는 것이다. 즉, 인물을 만들 때 머리, 목, 몸통, 팔다리 등을 따로 만들어 전체적인 인물로 조립하는 방법이다. 부분을 서로 붙일 때 접합 부분을 점토 칼로 긁고 흙물을 묻힌 후 붙이고 단단히 눌러야만 마르면서 떨어지지 않는다.

2) 분석적인 방법

형태를 만들 때 전체의 점토덩어리에서 대상의 각 부분을 끌어내어 자세히 표현해 들어가는 방법이다. 적당한 크기의 점토덩어리를 떼어 낸 다음 주물러 대강의 인물 형태를 만들고 점차 세부적인 부분들을 표현함으로써 원하는 형태로 변해간다. 주물러 표현하므로 꾹꾹 눌러진 손자국이 그대로 느껴지는 질감이 나온다. 속이 찬 점토덩어리는 소성 과정에서 터지는 경향이 있기 때문에 속 파기를 한다. 속 파기는 분석적 방법으로 형태를 완성한 후 반건조시킨 다음 적당한 부위를 가는 철사로 잘라 일정한 두께로 속을 파내거나 뒤집어 밑바닥에서 속을 파내는 방법이다. 순서를 정리하면 다음과 같다.

① 점토를 궁글대나 각목으로 두들겨 기포를 제거면서 점토덩어리를 만든다.

② 분석적 방법으로 형을 만든다. 절단이 필요한 경우 절단한다.

③ 일정한 두께가 되도록 소조용구로 점토덩어리의 내부를 파낸다.

④ 절단면의 이음 부분을 도예 칼이나 톱으로 긁어 준 뒤 흙물을 바른다.

⑤ 원형대로 단단히 붙여주고 손질한다.

(1) 코일링 기법(말아 쌓기, Coiling)

핀칭 기법보다 더 큰 그릇 모양을 만드는 데 이용되는 기법으로 선(흙 줄, 코일) 만들기를 하여 만든 가는 점토를 한 층 한 층 쌓거나 나선형으로 쌓아 올려 형태를 잡는다. 병이나 신문지 뭉치로 뼈대를 만들고 말아 쌓기로 감싸서 형태를 표현하기도 한다.

① 바닥에 원하는 모양의 점토판을 깔고 그 위에 흙 줄을 감아 올려나간다.

② 엄지손가락을 안쪽에 두고 나머지 손가락을 바깥쪽에 두고서 바닥에서부터 치밀하게 붙여 올라간다.

③ 손으로 쓸어 올리듯이 다듬고, 마지막에는 도예 주걱이나 도예 칼, 쇠톱과 같은 도구로 손질한다.

(2) 반죽하기, 큰 덩어리 뭉치기

반죽하기(꼬박밀기)[22]는 도자기 점토를 반죽할 때 이용하는 방법이다. 점토

---

22) '꼬막'으로 부르기도 하며 물레성형하기 직전에 점토를 양손으로 회전하면서 점토 내의 공기를 제거하기도 하며, 점토를 일정한 방향으로 회전시키면서 생겨나는 점토의 결을 이용하여 물레성형에 도움을 주기도 한다. 꼬박은 발로 밟은 흙을 물레 위에 앉히기 전에 다시 한 번 꼬막틀에서 손으로 반죽하여 점력을 보충시키고 수분의 분포를 일정하게 하고 기포를 제거시킨, 직경 15cm, 길이 30~50cm가량의 흙덩어리를 말한다. 정동훈, 『도자예술용어사전』(서울: 월간세라믹스, 1996), p.37.

덩어리를 두 손바닥으로 감싸 쥐고 한 방향으로 일정한 힘을 주는 상태에 따라 덩어리의 형태가 변하고 양감과 부피감, 두께감을 촉각적으로 느낄 수 있으며, 더욱 힘을 세게 주면 손가락 사이로 점토가 빠져 나와 아동의 감각을 자극한다. 발달장애아동에게는 덩어리를 뭉치기로 하여서 큰 덩어리의 점토가 손에서 움직임을 느끼게 하는 방법으로 활용하다가 점토를 떼어 내어 작은 공 모양, 구슬 모양을 만드는 과정으로 이끌어 간다.

(3) 핀칭 기법(늘여 만들기, Pinching)

토우, 작은 잔, 접시, 작은 주발, 단지 등의 소품을 만들 때 이용하는 방법으로, 주로 손가락에 의해 찰흙을 늘이거나 주물러 붙이면서 질감과 형태를 만드는 기법이다.

① 야구공이나 탁구공 정도의 크기의 점토덩어리를 양손으로 잡는다.

② 두 엄지손가락을 점토의 중심에 대고 다른 나머지 손가락은 점토덩어리의 바깥쪽을 잡는다.

③ 점토덩어리를 돌리면서 부드럽게 눌러 준다. 계속 돌리면서 안쪽의 엄지와 바깥쪽의 손가락에 힘을 주면 위로 끌어 올라가면서 기벽이 얇게 펴진다.

④ 서서히 단지 모양이 만들어진다.

(4) 물레성형 기법

많은 숙련과 연습이 필요한 기법이다. 돌아가는 물체의 관심을 갖는 자폐성향의 아동에게는 흥미로운 도예작업 기법으로 활용할 수 있다.

도자기를 성형하는 데 쓰는 물레는 기원전 3,500년쯤에 발명되었다.[23] 보통 도예작업에서 물레는 그릇 같은 것을 만드는 데 드는 시간을 엄청나게 단축시켰고 제품을 균일하게 만드는 데도 도움을 주었다. 장애아동에게 활용하는 데는 치료사의 지도가 필요하다.

① 손물레는 흙가래 성형에서 다루었다.

② 전기물레는 모터의 회전을 물레머리에 적절히 연결시켜 페달을 밟는 정도에 빨리 또는 천천히 돌아가게 만든 물레이다. 따라서 초보자는 발로 차면서 손으로는 흙의 중심을 잡고 성형을 하는 힘든 발물레보다는, 성형에만 집중할 수 있는 전기물레로 연습을 하는 편이 쉬울 것이다.

③ 발물레는 아주 큰 작품을 성형할 때 조절을 쉽게 할 수 있고, 전기가 들어오지 않을 때에도 쓸 수 있으므로 배울 필요가 있다. 발물레는 운동속도를 유지해 주는 밑 부분의 무거운 바퀴와 물레머리가 축으로 연결되어 있어 바퀴를 발로 차면 물레머리까지 함께 돈다. 바퀴는 지름이 크고 무겁기 때문에 처음에는 차기가 힘이 들지만 한번 돌기 시작하면 오랫동안 힘 있게 돌아간다.

따라서 장애의 상태에 따라서 손물레, 전기물레, 발물레를 사용하여야 한다. 그러나 현실적으로 미술치료실에 여러 종류의 물레를 구비하기는 쉽지 않기 때문에 가격이 저렴한 손물레를 사용할 수 있다. 좀 더 전문적인 점토미술치료를 시도하기 위해서는 전기물레의 활용이 효과적이라 할 수 있다.

---

23) 임무근, 『도예』(서울: 대원사, 1992), p.57.

◆ 유약소성과정(기대감과 성취감 조성)

유약소성과정은 치료사의 도움이 절대적으로 필요한 과정이다. 미술치료사가 점토미술치료를 하기 위하여 유약을 직접 만드는 일 또한 매우 번거롭고 힘든 일이다. 전문가의 도움을 받거나, 쉽게 재료상에서 구입을 권하며, 유약 과정은 대부분 치료사가 내담자를 위해 제3의 손의 역할로 대신하거나 작업이 가능한 내담자는 치료사와 함께 붓칠 방법으로 하는 것이 용이하다.

치유적 관점에서 어린이들이 많은 노력을 작품에 투자한다는 것을 고려하는 것이 매우 중요하다. 작품이 불을 통해 새롭게 생성되고, 이런 점토경험은 치유적 효과에 영향을 준다는 것은 명백하다.

굽는 과정에서 작품을 버리는 일은 종종 어린이들의 심리적·육체적 경험에 좋지 않은 의미를 갖기도 한다. 특히 아동들과 작업할 때는 잘 말랐는지, 잘 만들어졌는지, 속이 비었는지 확인하는 것이 치료사의 책임이다. 구워내기 할 때는 서두르지 말아야 한다. 불은 천천히 할수록, 갈라짐이나 깨짐이 덜 생긴다.

만약 사고가 발생하여 깨어진 작품이 생긴다면, 그것이 정신적, 치유적으로 미치는 영향력은 상당하다. 그러기에 치료사는 상당한 시간과 정성을 들여 작품을 구워 내어야 하며, 혹은 복원에 노력을 해야 한다. 이런 경우에, 조각을 붙이는 경우는 접착제를 사용하고, 큰 조각이나, 금 사이를 복원할 때는 실리콘을 사용한다. 만약 학생이 정서적으로 많은 투자를 하지 않았다면, 치료사는 흔히 일어날 수 있는 일이라고 도예작업의 특성을 설명하고 이해시킬 수도 있다.

도자기를 만들어 낸다는 것은 생활의 리듬을 반영한다. 창조는 예상치 못한 결과도 받아들여야 하는 건전한 명상의 한 과정이다. 이러한 유약소성 과

정을 통하여 아동들은 자신이 투자한 노력만큼의 기대감과 성취감을 획득할 수 있게 된다.[24)

(1) 유약

유약이란 점토 제품의 표면에 일반적으로 균질의 규산엽을 융착시킨 얇은 피막을 말하며, 표면에 광택이 나게 하고 다양한 색으로 표현할 수 있게 하는 유리질의 재료이다.

유약은 녹는 온도에 따라 두 가지로 구분하는데, 대개 1000℃ 미만에서 녹는 것을 저화도 유약과, 1200℃ 이상에서 녹는 고화도 유약이 있으며, 유약의 주성분은 석회, 장석, 규석을 용융시킨 것이다.

(2) 시유

유약이나 안료는 아주 전문적인 지식이 필요하다. 따라서 전문가의 도움이 절대적으로 필요하다. 필자는 투명유에 아동들이 좋아하는 인체에 무해한 안료를 사용하여 수채화 붓으로 칠하는 작업을 권한다.

시유란 소지 표면에 슬립상태의 유약을 바르는 작업을 말하며, 도자기의 종

---

24) Davis R. Henley, 『Exceptional Art-Teaching Art To Special Needs』(U.S.A: Davis Publication, Inc, 1992), p.190.

류나 소성온도, 생산량, 생산규모에 따라 시유 방법의 차이가 있다. 시유는 초벌구이 상태에서 하는 것이 일반적이나 초벌구이를 하지 않은 점토 상태에서 시유하는 경우도 있다. 시유 방법에는 담금법, 붓 처리법, 분무법이 있다.

필자가 발달장애아동에게 사용한 방법으로 점토가 완전히 마른 후에 수채화, 포스터 물감으로 색을 칠하기도 한다. 또 다른 방법으로는 초벌 후에 아크릴 물감을 칠하게 하여 유약칠을 했을 때 느낄 수 있는 채색의 효과를 느끼게도 할 수 있다.

(3) 소성

소성과정은 화학적으로 점토가 고형화되고, 유약이 유리질화되는 과정으로 도예가에게는 매우 중요한 과정이다. 소성의 종류에는 전기가마소성, 가스가마소성, 장작가마소성, 석탄가마소성, 톱밥가마소성 등으로 연소 재료에 따라서 구분하기도 하며, 또는 라꾸소성, 저온유약소성, 내화갑소성 등의 표면처리 효과에 따라 분류하기도 한다. 시유된 혼합물이 녹아서 유약이 되는 변화 과정 중에 요변(窯變)을 추구하기도 하며, 매우 매력적인 과정이기도 하다 그러나 발달장애아동에게는 소성과정이 위험하다. 따라서 소성과정은 치료사의 몫이며, 장애 아동에게는 결과물에 대한 만족도만을 부여하는 것이 좋다.

(4) 가마

가마의 종류는 많으며, 그 분류방식 또한 다양하다. 사용연료에 따라 장작가마, 기름가마, 가스가마, 전기가마로 분류하고, 소성 방법에 따라 횡염식 가마, 승염식 가마, 도염식 가마로 분류하며, 형태에 따라 등요, 셔틀 가마, 터널 가마로 분류한다.

특히 전기가마는 발달장애아동이 사용하는 데 많은 이점이 있다. 전기가마는 스위치 하나만으로 작동이 가능하며, 버너나 공기를 조정하는 문제가 없고, 140kg 정도의 무게가 나가는 조그만 가마는 바퀴를 달아서 이동이 가능하다.

대부분의 미술치료실에서 가마를 구비하기에는 공간 활용과 화재의 위험 때문에 어려운 실정이다. 그러나 점토미술치료는 일단 도자기용 점토를 사용하여 소성과정을 거쳐야 완성이 되는 과정을 주로 다루기 때문에 가마를 준비하거나 전문가에게 가마 사용을 의뢰하여야 한다. 또한 도예라고 하는 분야의 특성상 만드는 즐거움과 사용하는 즐거움이 함께 따르기 때문이다. 즉, 점토미술치료는 만들면서 치료효과를 증진시켜주며, 본인이 만든 그릇을 직접 사용하거나 선물을 하는 즐거움도 커다란 치료효과를 주기 때문이다.[25]

(5) 소성방법

① 1차 소성(초벌구이)
완전히 건조된 기물에 유약을 바르지 않은 상태로 750~850℃로 소성하는 것을 말한다. 한 시간가량 가마 문을 조금 열어 두거나 또는 들여다보는 구멍을 열어 놓아서 수분을 빠져나가게 해야 한다.

② 2차 소성(재벌구이)
본구이라고도 하며 1차로 소성된 기물에 유약을 시유하여 1250~1280℃에서 소지에 유약을 융착시키는 과정을 말한다. 소성 방법에는 소성 시작에서부

---

25) 정동훈, 「미술로서의 도예작업치료」, 『한국예술치료학회지 vol.1,no.3』(2003,1), p.11.

터 끝날 때까지 산소를 충분히 공급시켜 사용연료가 완전 연소될 수 있게 하는 산화소성과 산소공급을 불충분하게 하여 사용연료가 불완전 연소됨으로써 연소가스 중에 CO의 양을 증가시켜 이 결과 가마의 대기 내에 생긴 유리된 탄소가 소지와 유약에 들어 있는 금속산화물의 산소와 결합해서 이들을 환원시키고 색깔도 변화시키는 환원소성이 있다.

4. 점토미술치료의 의미

1) 입체조형표현의 발달단계

유아 입체표현의 발달에 관한 연구는 작품의 수집·보관이 어렵고 평면표현에 비해 한층 다양한 요소를 포함하고 있으므로 이를 객관적으로 분류하고 평가할 수 있는 기준을 세우고 분석한다는 것이 쉽지 않은 이유 때문에 활발히 이루어지지 못하고 있다.[26]

점토 표현의 발달 단계를 연령별·표현 특징별로 연구한 학자들 중 **장양길**

---

26) 조현, 「유아 찰흙활동 지도방법에 관한 모색」, 『조형교육』(서울: 제20호, 2002), p.441.

은 ① 감각적 경험의 단계(2~3세), ② 초기 형태 표현의 단계(3~4세), ③ 형태 구분의 단계(4~5세), ④ 형태 완성의 단계(5세 이상)의 4단계로 구분하고 있으며, Brittain은 ① 점토 탐색의 단계(2~3세), ② 둥근 형을 만드는 단계(3~4세),[27] ③ 변형을 만드는 단계(4~5세), ④ 목적을 갖는 단계(5세 이상)의 4단계로 구분하고 있으며,[28] 櫻井後夫는 ① 무목적 활동기(2~4세), ② 의도적 활동기(4~6세), ③ 양식기(6세 이상)의 3단계로 구분하였다.[29] 염태진은 ① 무의미한 단계(2~4세), ② 상징의 단계(4~5세), ③ 창조 활동의 단계(5세 이상)의 3단계로 구분하였고,[30] 정문자·지혜련·이숙재는 ① 끄적거리는 단계(2~5세), ② 전도식기 단계(5~7세)의 2단계로 구분하였다.

처음 단계는 아동이 아무런 목적이나 의도 없이 점토를 주무르고 두드리는 행위를 하면서 점토라는 자료를 탐색하는 시기이다.

다음 단계에 아동은 둥근 공 모양을 만들고 점차 여기에 점토를 덧붙이거나 손가락으로 구멍을 내서 복잡한 형태로 만들어간다.

대체로 6세 이후가 되면 주제를 정하고 표현할 수 있게 되는데 평면적 표현과 입체적 표현이 동시에 나타난다. 본 책에서 발달장애아동이 형태가 나오는 것까지를 연구의 목표로 삼았다.

서울교육대학교 미술교육연구[31]는 입체표현의 발달에 대하여 다음과 같이 2단계로 나누고 있다.

---

27) 김춘일, 『아동미술론』(서울: 미진사, 1985), p.214.

28) 홍경자, 「아동의 입체적 조형교육」 『한국조형 교육학회』(1986), pp.53-56.

29) 櫻井後夫, 『幼兒敎育』 編 『造形美術敎育大系』(東京: 美術出版社, 1976), pp.75-76.

30) 염태진, 『유아교육을 위한 창작공예』(서울: 창지사, 1986), p.44.

31) 서울대학교 미술교육연구회, 『유아미술교육학』(서울: 학문사, 1997), pp.259-264.

(1) 탐색적 유희기(0~4세)

입체 재료를 가지고 놀고 즐기는 과정과 3세 후반기부터 나타나는 초기 인물 형태를 탐색하는 과정으로 크게 나눌 수 있다. 이를 좀 더 세분화해서 살펴보면 다음과 같다.

먼저 무의도적 유희기로 평면표현의 마구 그리는 난화기에 해당한다. 이 시기의 유아는 점토를 주었을 때 자기가 힘을 주는 대로 형태가 변하고 말랑말랑하며 부드러운 촉감을 가진 재료에 기쁨을 느끼면서 맘껏 주물럭거리며 가지고 논다. 어떤 의도 없이 두 손으로 꼭 누르기도 하고 비비기도 하고 탁탁 치기도 하면서 감촉을 즐기는 것이다.

무의도적 유희기를 지나 3세 정도가 되면 점토로 동일한 형태를 만들기 시작하는데 주로 공 모양의 둥근 형태와 뱀 모양의 긴 형태들이다. 뱀 모양은 손으로 비비면 되기 때문에 비교적 쉽게 만들며 공 모양은 그 후에 만든다. 자신의 근육을 어느 정도 통제할 수 있어서 유사한 형태들을 반복적으로 만들어내는 이 시기를 반복적인 유희기라 한다.

마지막으로 자신이 만든 점토 형상에 사물의 구체적인 이름을 붙여서 가지고 놀고 이야기 나누는 이름 붙이는 유희기가 있다. 대략 3~4세에 해당된다. 뱀 모양의 형태나 공 모양의 형태, 눌러진 원반 모양의 형태, 비틀고 주물럭거린 형태들에 뱀이나 물고기, 엄마, 아빠 등의 이름을 붙여 연극하듯 중얼거린다. 이것은 유아의 개념과 언어능력의 발달이 점토놀이 속에서 자연스럽게 표출된 것이다.

(2) 평면적 상징기(4~8세)

입체 재료를 평면적으로 표현하면서 대상을 상징적, 도식적으로 나타내는 단계이다. 평면적으로 표현한다는 것은 입체 재료를 그림 그리듯 바닥에 눕혀서 표현하는 것으로 누워 있는 사람을 만들겠다고 생각하고 표현하는 것이 아니라 서 있는 사람을 나타내고자 의도하면서 실제로는 바닥에 표현하는 것이다.

유아가 4~5세 정도가 되면 사람을 표현하려고 노력하면서 초기 인물 형태보다 한 단계 발달한 형태를 만들어낸다. 이른바, 두족류, 즉 머리와 다리만으로 표현된 인물이다. 가장 흔하게는 둥글고 납작한 얼굴 형태에 눈, 코, 입이 붙어 있거나 손가락으로 누르는 방법으로 표현되어 있고 얼굴 밑에 길쭉한 다리가 붙어 있는 형태와 얼굴 위에 머리카락을 한 덩어리로 표시하고 아래쪽에는 작은 다리를 붙이는 형태, 공 모양의 머리 밑에 작은 점토덩어리를 두 개 직립시킨 형태 등이 있다.

머리와 다리로 인물을 만든 후 어느 정도 지나면 유아들이 배로 표현하는 몸통이 나타난다. 이것은 머리와 다리를 연결해 주는 것으로 등장하여 처음에는 머리, 다리보다 짧고 가늘지만 점차 길어지고 굵어진다. 가끔 손가락이나 목, 머리카락을 표현하는 경우도 있으나 매우 드물다.

2) 유아 점토활동의 치료적 가치

Golomb은 점토가 매우 비구조적인 재료로서 이것으로 사람을 표현하려면 형태를 발명하고 형태 위치를 알아보게끔 구현시켜야 하는 어린이들의 표현성을 필요로 한다고 했다. 형상적인 창조성의 Torrance 테스트에서 점토 만들기 교육을 받은 아동들이 유창성, 융통성, 독창성에서 성취를 이룩한 결과가 보고되고 있어 점토활동이 상상력의 증가와 형상 감각에 대한 창조적 반응을

높일 수 있음을 밝히고 있다.[32]

V. Lowenfeld는 점토는 입체감이 있으며 독특한 유연성 때문에 어린이들의 개념이 융통성 있게 된다고 하였다.[33]

점토활동이 갖는 치료적 가치를 유아 발달 영역과 관련하여 정리해 보면 다음과 같다.

(1) 유아의 신체 발달을 돕는다

유아의 점토활동은 다양한 손과 팔의 운동으로 재료를 직접, 적극적으로 조직해야 하는 활동이다. 또한 입체작업의 특성상 유아는 자기 작품을 여러 각도에서 보기 위해 전신을 더욱 활발히 움직인다. 이처럼 점토활동은 전신운동을 동반한다.

최초의 유아 점토활동은 재료를 던지고 주무르고 두드리는 단순한 행위에서 시작된다. 유아가 성장함에 따라 이러한 행동은 목적한바 구체적 형상을 만들어내기 위해 보다 섬세한 작업활동으로 발전한다. 즉 누르고, 뜯어내고, 파내고, 다시 붙이는 등 보다 조직적으로 점토활동에 몰입하는 동안 자연스럽게 대·소근육의 발달이 이루어지게 된다. 또한 재료를 보고 만지고 손을 직접 표현하는 가운데 눈과 손의 협응력을 기를 수 있다.

(2) 유아의 정서를 건강하고 풍부하게 한다

부드럽고 촉촉한 점토를 주무르는 것은 쾌감을 주는 행복한 경험이다. 점토활동은 금세 유아의 손과 주위를 더럽히는 번거로움이 있지만 이것이 오히

---

32) 조현, op.cit., p.445.
33) 홍혜자, 「유아의 그리기 및 찰흙활동에 관한 일 연구」, 『조형연구』(1990), p.133.

려 더러워지는 것을 즐기는 유아의 본능적 욕구를 만족시켜주는 농분작용(弄糞作用)을 한다.[34]

유아는 생후 2년이 되기 전에 애정, 미움, 공포, 불만 등의 정서가 발달한다.[35] 이러한 정서를 적절히 조절하고 표출하는 능력이 부족한 유아들로서는 성인보다 빈번한 감정적 갈등과 욕구불만의 심리상태를 경험한다. 적절히 표출되지 않고 누적된 부정적인 감정들은 내적 긴장상태를 유발하고 유아의 정신건강에 좋지 못한 영향을 준다. 이러한 때에 유아에게 점토를 뜯고 던지고 마음껏 조작하는 경험을 갖게 한다면 자연스럽게 내적 긴장을 해소할 수 있다. 자유로운 점토표현활동이 부정적인 감정을 쏟아내는 배출구가 되는 것이다.

점토는 손 근육이 섬세하고 발달하지 않은 어리거나 발달이 늦은 유아도 쉽게 조작할 수 있다. 그리고 표현이 마음에 들지 않을 때 쉽게 뭉개거나 뜯어내고 다시 작업할 수도 있다. 성공적인 재료 지배의 경험은 유아에게 자신감과 만족감, 정복감을 가져다준다. 이런 경험이 누적될 때 유아는 긍정적인 자아의식을 갖게 된다.

이처럼 점토활동은 유아의 부정적 감정의 배출을 도와줌으로써 정서를 순화시키며 부드러운 촉각 경험을 통해 자연처럼 넉넉하고 푸근한 심성을 갖게 할 뿐 아니라 긍정적인 자아개념의 형성에 도움을 주는 의미 있는 조형 활동이다.

(3) 창의적 사고력을 포함한 유아의 인지발달을 돕는다

V. Lowenfeld는 창의성의 기본요소로 감수성, 독창성, 유연성, 융통성, 재정의와 재구성 능력, 분석과 추상 능력, 종합하고 구조화하는 능력을 들고 있다.

---

34) 홍혜자, op.cit., p.133.
35) 김혜자, 「초등학교 찰흙공작의 제안적 연구: 1학년 아동을 중심으로」(석사학위논문, 숙명여자대학교 교육대학원, 1994), p.20.

길포드는 문제에 대한 감수성, 유연성, 융통성, 종합력과 분석력, 재구성 능력, 개념적 구조의 복합성이 창의성을 구성하는 요소라고 하였다.

점토는 형태와 양을 쉽게 변화시킬 수 있는 재료이다. 재료에 고정된 형과 양의 틀이 없으므로 작업활동 중에 떠오르는 생각을 바로 점토 속에 담아낼 수 있다. 이것은 활동과정의 진행과 더불어 유아의 개념도 융통성 있게 변화시킬 수 있음을 의미한다. 또한 점토는 표현방법에 따라 점재에서 선재로, 다시 면재와 양재까지 자유롭게 전환된다. 이 같은 재료의 폭넓은 융통성은 유아로 하여금 유연하고 확산적인 사고력을 기르게 한다.

경험주의 철학이나 심리학에 의하면 지적 능력은 외부세계에 대한 지각 경험을 바탕으로 이루어진다고 한다. 이는 결국 환경에 대한 지각 경험을 기초로 지적 능력이 성장한다는 것을 의미한다.[36]

유아는 점토활동 속에서 시·촉·지각 경험을 갖는다. 다양한 창구를(시각과 촉각) 통해 환경을 탐색하는 것은 유아가 구체적이면서 폭넓은 개념을 형성할 수 있도록 돕는다. 그러므로 점토활동은 유아의 개념을 구체화하고 발전시키며 사고의 폭을 넓히는 계기가 될 수 있다.

(4) 유아의 언어 발달을 돕는다

유아 입체표현의 발달은 평면표현에 비해 6개월에서 1년 가까이 늦어지는 경향이 있다. 입체표현 활동의 재료와 용구가 다양할 뿐 아니라 그 성질을 파악하고 자유롭게 조작하기 위해서는 보다 높은 정신적·육체적 능력이 요구되기 때문이다. 예컨대 크레파스로 두족류 인물을 그리는 전도식기의 유아는 크

---

36) 차명은, 「통합적 접근법에 의한 유아미술활동의 효율성 분석」(석사학위논문, 이화여자대학교 교육대학원, 1996), p.8.

레파스를 쥘 수 있는 힘과 원하는 방향으로 선을 그을 수 있는 근육조절 능력, 지각활동을 통해 얻어진 정보를 개념하고 이를 다시 시각적 정보로 나타낼 수 있는 능력이 필요하다. 그러나 점토로 같은 두족류 인물을 만들려면 이와 더불어 점토의 상대적으로 복잡한 재료적 특성을 파악하고 이것을 조작해 둥근 공 모양과 길쭉한 띠 모양을 만들 뿐 아니라 부분들을 결합하여 입체적 조형물을 완성할 수 있어야 한다. 유아는 아는 것을 표현한다고 한다.[37] 그러나 이상과 같은 이유로 유아 입체 표현은 그들이 아는 것, 즉 대상에 대한 지식·이해보다 훨씬 단순하게 나타날 수 있다. 그러므로 작업활동 속에서 유아는 표현의 부족을 매우기 위해 활발한 언어표현을 한다. 자신이 나타내고자 한 바를 충분히 전달하기 위해서 언어적 보충이 필요한 것이다. 그러므로 활발한 언어사용과 표현력의 계발은 점토활동의 부수적 교육효과로 기대될 수 있다.

(5) 유아의 건전한 사회성 발달을 돕는다

점토의 조작방법과 작품을 완성하기 위해 각자가 요구하는 점토 분량, 도구는 유아 개개인에 따라 큰 차이를 보인다.

부분을 먼저 만들고 이를 결합해 작품을 완성하는 유아와 전체 덩어리를 파내고 떼어내는 가운데 구체적 형상을 찾아나가는 유아, 매끄럽게 표면을 정리하는 유아와 거칠고 자연스러운 흔적을 그대로 남기며 작업하는 유아, 한 주먹만 한 점토로 작은 작품을 만드는 유아와 더 많은 점토를 요구하며 대범하고 의욕적으로 표현활동을 즐기는 유아 등 실로 다양하다. 그러므로 작업하는 동안 유아는 서로 다른 기호와 선택, 제작행동을 경험할 수 있다. 이를

---

37) 유아미술을 바라보는 여러 가지 관점 중 인지발달이론에 의하면 유아의 미술표현은 인지적 과정의 결과로서 유아는 '자신이 아는 것을 표현한다고 한다. 이것은 자신이 알지 못하거나 개념화할 수 없는 것을 그리는 것은 불가능하다는 의미를 내포한다.

통해 자연스럽게 사람마다 좋아하는 것과 생각하는 바가 다르다는 것을 알게 된다. 이것은 나와 다른 타인을 수용하고 존중할 수 있는 태도를 갖게 한다. 그리고 재료와 도구를 다루는 경험은 서로 돕고 양보할 수 있게 유아를 성장시킬 수 있다.

미술의 표현활동을 미술 치료적·교육적 도구이며 창의성을 표출하는 수단으로 본 V. Lowenfeld는 "아동이 자신의 느낌, 생각, 지각 등 그의 마음의 모든 것을 자기의 작품 속에 표현한다"라고 했다.

창의성·정서적·사회적인 목적을 지닌 조형표현은 어린이들이 일상생활을 보다 즐겁게 영위하도록 도와주며 그들 자신의 사고와 느낌과 창의적인 상상력을 마음껏 펼 수 있도록 도와준다. 또한 그것은 그들이 재료를 다루는 능력과 주위환경을 개선시키려는 의지와 인위적인 디자인에 대한 미적 정서를 고양시키며 예술적인 취향을 기르도록 도와준다.[38]

3) 점토미술치료의 기법

앞 장에서 살펴본 유아점토활동의 치료적 가치는 입체조형을 표현하는 점토미술치료와 같은 치료적 의의를 갖는 것을 알 수 있다. 그것은 점토의 속성과 점토미술치료는 평면에서부터 입체의 활동을 같이 할 수 있으며 신체활동이 보다 더 넓은 의미의 오관활동이라고 할 수 있다. 그에 더 많은 입체조형적 의미를 갖는 점토미술치료의 가치를 살펴보면 다음과 같다.

---

38) LeomLoyal & Winslow, 『Art in Elementary education』(New York: Mcgraw Hill Book Company Inc. 1984), pp.93-94.

① 점토미술치료는 직접 손으로 표현할 수 있으며, 발달장애아동에게 흥미를 유발할 수 있어서, 발달장애아동들의 마음속에 잠재한 창의성을 자유롭게 표현할 수 있다.

② 점토는 원시적인 힘인, 포근하고 부드러운 느낌으로 발달장애아동의 심성을 편안하게 하므로 정신건강에 도움이 된다.

③ 점토미술치료는 좌절감보다는 성공의 즐거움을 쉽게 맛볼 수 있으며 자신감, 만족감을 가지게 하여 소극적·이타적·비사회적 발달장애아동들에게 특히 치료적 효과가 크다.

④ 소근육 운동이 적은 아동에게는 근육운동, 조형감각, 협응 능력을 발달시켜주므로 전체를 종합, 결합하는 비교 능력을 가지게 한다.

⑤ 점토미술치료는 발달장애아동들 스스로 대상을 관찰, 표현하게 하여 비례감각이나 균형감각을 발달시키고, 타인에 대한 관심과 대인관계형성에 많은 영향을 준다.

⑥ 점토로 자신이 만든 형체에서 다른 형체를 생각할 수 있어서 상상력이 발달되며, 창조능력과 응용력을 길러 생활에 어려움이 있을 때 스스로 해결하는 능력도 기른다. 따라서 평면적으로 나타내는 의식구조보다는 입체 활동을 통하여 형성되는 가치관이 바람직하여 필자는 점토미술치료를 통한 발달장애아동의 자기표현에도 크게 도움을 줄 수 있다고 본다.

⑦ 점토미술치료는 양손을 사용하므로 좌뇌와 우뇌의 균형 있는 발달을 촉진한다. 인간의 대뇌는 좌뇌와 우뇌로 나뉘어져 있고 각기 반대편에 있는 몸의 지각과 운동을 담당하고 있다. 즉, 좌뇌는 몸의 오른쪽을, 우뇌는 몸의 왼쪽을 맡고 있다. 뇌 기능적으로 볼 때 일반적으로 좌반구는 언어적 자극을 처리하고 우반구는 시공간적 자극을 처리한다. 점토놀이

는 다양한 방법으로 발달장애아동들의 양손 사용을 유도함으로써 좌뇌와 우뇌의 균형 있는 발달을 촉진할 것으로 보인다.

발달장애아동의 점토미술치료

발달장애아동의 점토미술치료

1. 발달장애아동의 점토미술치료

점토는 가장 강력한 치료적 기능을 지닌 예술재료 중 하나이다. 점토는 재료적 특성에 의하여 어린이들로 하여금 그들의 수준이나 정신상태에 관계없이 주무르면서 만들고 싶은 욕구를 갖게 한다. 일부 아동은 처음에 점토 만지기를 불쾌해하거나 두려워하기도 하지만 적당히 익숙해지고 치료사의 도움을 받으면, 점차적으로 아동들이 받아들이게 되는 재료임을 알 수 있다. 또한 점토는 고도의 성형성을 가지고 있기 때문에 만지고, 쥐어짜고, 굴리고, 궁극적으로 무언가를 만들어 내고픈 충동을 일으킨다. 점토의 단단하면서도 변형이 가능한 속성은 탐구적 조작을 자연스럽게 하고 복잡한 양상의 덧붙이고, 떼어내는, 가감 조소로 발전한다는 점을 강조하는 구체적인 시각을 갖도록 한다. 점토는 손으로 간단하게 작업되기도 하며 심한 장애아동조차도 다량의 재료로 된 대규모 작업을 할 수 있도록 하고 커다란 힘으로 작동할 수 있게끔 한다. 점토는 정교한 예술과 공예자료를 함께 어우러진 동적 성질로 인해 종종 여러 가지 예술치료프로그램의 초석이 되곤 한다.

비록 점토가 재료 그 자체만으로 활용되며 점토를 가지고 만들 수 있는 공간을 필요로 하지만 그것은 매우 어린 아동부터 점토를 잘 다룰 수 있는 학생까지 전체적으로 범위가 확장되는 재료이다(크레머 1970 & 실버 1978).

발달장애아동의 점토미술치료는 점토를 만지고 주무르고 뭉치는 사이 자연적인 재료에 심취하여 성취의욕이 부족한 아동들에게 용기를 북돋아준다. 또한 사물의 개념을 파악하고, 인내심에 의한 성격교정과 정서함양을 함께 경험하고, 명료화와 성취감을 함께 맛보게 된다.

따라서 발달장애아동의 미술치료에 있어서, 평면적으로 나타내는 의식구조보다는 입체 활동을 통하여 형성되는 가치관이 바람직하여 점토미술치료를 통한 발달장애아동의 자기표현에도 크게 도움을 줄 수 있다.[39]

2. 발달장애아동의 점토미술치료 사례

1) 연구대상과 접근방법

가. 연구방법

본 연구는 1999년생(만 3세) 발달장애아동 2명 중에 ○○병원 소아정신과에서 발달장애로 진단을 받은 1명(B아동)과 ○○병원 소아정신과에서 전반적 발달장애로 진단을 받은 1명(C아동)과 ○○병원 소아정신과에서 경기로 인한 발달장애 진단을 받은 97년생(만 5세) 아동 1명(A아동)을 대상으로 경기도 수원

---

39) Davis R. Henley, 『Exceptional Art-Teaching Art To Special Needs』(U.S.A: Davis Publication, Inc, 1992), p.172.

에 위치한 S심리연구소에서 실시하는 '미술치료프로그램'의 점토미술치료를 적용하였다. 각 아동의 발달정도와 특성을 살펴보면 다음과 같다.

(1) 아동A: 발달지체

본 아동은 '포테이지 발달검사'를 통하여 전반적으로 만 5세 연령에 맞는 발달 수준을 보이지 못하고 전체적인 발달이 만 3~4세 수준을 보이고 있어 최소 12개월에서 최대 20개월 정도의 발달이 지체되고 있는 것을 볼 수 있다.

(2) 아동B: 발달지체

본 아동은 '포테이지 발달검사' 결과 아동의 연령인 만 3세의 발달 수준에 미치지 못하고 '12개월에서 20개월' 수준의 발달지체를 보였다. 특히 아동B는 발달지체와 함께 불안정한 애착형태를 보였다. 모와의 관계가 불안정하고 낯선 상황에서 분리된 후 재결합했을 때도 울음이 그치지 못하고 계속 우는 모습을 보였다. 이것은 모(母)를 안전기지로 인식하지 못하고 있는 결과로 볼 수 있다.

(3) 아동C: 전반적 발달장애(자폐증)

자폐성 장애의 필수 증상은 사회적 상호 작용과 의사소통이 현저하게 비정상적이거나 발달이 장해되어 있고, 활동과 관심의 종류가 현저하게 제한되어 있는 양상으로 나타난다. 장애의 표현은 개인의 발달 수준과 생활 연령에 따라 매우 다양하다. 자폐성 장애는 때로 초기 유아 자폐증, 소아 자폐증, 칸너 자폐증이라고 불리기도 한다.[40]

---

40) 미국정신의학회, 이근후 외 역, 『정신장애의 진단 및 통계편람 제4판』(서울: 하나의학사, 1995), pp.96-98.

DSM-IV(1994)의 진단기준에 의하여 24개월 전후에 발병하였으며 눈 맞춤이 안 되고 6개월 이후 정상적인 격리불안이나 낯가림이 없다고 보고되었다. 무표정하며 원하는 일이 안 되면 괴성을 지르거나 이상한 행동을 하였다. 유아 초기 때 옹알이, 얼굴의 표정, 눈 맞춤, 몸놀림, 자세 등으로 보아 전혀 의사소통을 하고 있다는 느낌이 들지 않았다. 말을 시작해도 사회성과 관련된 '엄마, 아빠' 등 호칭어가 없는 경우가 많았다. TV에 나오는 선전문구나 동요, 노래는 정확히 외우지만 의미는 모르는 것 같았다. 몸을 빙글빙글 돌린다든가, 손을 계속 관찰한다든가, 차바퀴만 돌린다든가, 책장을 계속 넘긴다든가 하는 식의 몇 가지 행동을 되풀이하였다. 새로운 것을 접해도 그중 한 가지만 집착하고, 다른 자극은 무시하는 식의 선택성을 보였다.

<표 2> 대상아동의 특성

특성\대상	아동 A	아동 B	아동 C
생육사	출생 시 자연분만하였으며, 발육정상. 3세 이후 짧게 자주 경기.놀 때는 안 함. 야단맞을 때, 집중할 때 경기함.	출생 시 8개월에 조산(자연분만). 양육은 외할머니(돌 전), 이모할머니(2살 이후 지금까지). 12개월 전부터 경기를 일으킴(약물치료 없이 치료됨).	출생 시 별문제 없었으며, 36개월까지 우유를 먹임. 10개월 걷기, 14개월에서 1년 동안 '아기 한글'(산만해서 포기).
사회 & 정서적 행동특성	고집이 매우 센 편임. 경기는 2달에 한 번 정도 치료. 6개월 뇌파검사.	성격이 급함, 고집이 셈. 어린이집에서 또래집단 형성 안 됨.	짜증을 심하게 냄. 자기를 때리기도 함. 비디오와 TV 좋아함. TV광고 좋아함. 22개월 때 언어가 안 돼서 진단을 받음.
접수 당시 아동의 상태	- 신변처리: 대소변 가림, '다했다'고 말함. - 식습관:편식안함. - 수면: 자면서도 경기할 때도 있음, 밤잠 상태 좋음.	- 신변처리: 도움을 받음. - 식습관: 색깔이 이상하면 안 먹으려고 함(아이보리 같은 흐린 색 싫어함).	- 신변처리: 대변은 바닥에다 눈다. 소변은 집에서 바지 안 입히면 혼자 가서 눈다.

	- 언어: 반향어 있음. 혼자만 많이 함. 요구 때만 언어 가능. 질문에 안 됨. - 인지 능력: 수 읽기 안 됨, 수 세기 가능. 색 인지 안 됨, 한글그림 보고 말함, 동물, 사물 명칭 가능.	- 수면: 밤잠 상태 좋음. - 언어: 혼자 중얼거리는 말. 발음 부정확. 질문 답하기 안 됨(비디오를 많이 보여줌).	- 식습관: 잘 먹지 않음, 음료수로 주로 생활. - 수면: 밤잠 상태 좋음. - 언어: 필요하면 "안 돼, 안녕, 잘 가, 아니야." 모방언어 없음. - 인지 능력: 수, 한글 인지 안 됨.
미술적 특징	주로 가위질과 피겨를 가지고 이름을 대거나, 선긋기는 아주 짧게 이루어지고 있음.	곡식을 가지고 반복되는 원을 그리나, 작업시간이 5분을 넘기지 못함. 먹물작업은 치료사의 호응이 있으면 작업함.	나선형으로 그리거나 가위로 오리는 형태를 보임. 선긋기는 짧지만 끝까지 하려는 모습이 보임. 미술치료 중에 보이는 행동은 양호함.

나. 연구절차

본 연구의 기간은 2002년 11월부터 2003년 4월 말까지 주 2회, 비구조화된 미술치료 안에서 점토미술치료를 실시하였다. 치료 도구는 도예용 점토를 중심으로 다양한 미술매체인 곡식류, 한지, 모래놀이, 먹물, 크레파스, 물감, 수수깡 등을 사용하였다.

필자는 치료 원칙을 아동 중심의 비지시적인 방법에 두고, 비구조화된 미술치료를 적용하였다. 점토미술치료프로그램은 각 아동의 발달정도와 작업 변화에 맞춰 1단계, 2단계, 3단계로 나눠 평면작업에서 입체작업을 만들어내기까지 아동의 자발적 참여를 유도하였다.

기록 방법에 있어서 치료의 경과, 절차, 연구대상 아동의 반응은 관찰자의 기록과 각 회기별 평가는 필자의 분석으로 이루어졌다. 또한 대상 아동이 만든 작품은 사진을 찍어 보관하였다.

다. 측정도구와 자료처리

연구 대상아동의 발달정도와 변화를 측정하기 위해, 대상아동의 부모와 조기교육실의 담당교사에게 '포테이지 발달 검사'를 사전·사후 검사로 실시하였다. 또한 미술활동과 상호작용, 그리고 치료 회기 중 나타나는 자기표현에 대한 평가는 관찰자의 관찰일지와 행동체크리스트를 통해 변화를 측정하였다.

필자는 좀 더 객관적인 질적 분석을 위해 V. Lowenfeld의 '미술을 통한 성장의 7가지' 이론을 바탕으로 작성한 '자기표현 유형의 5가지(15문항) 체크문항'으로, '초기-중기-후기'에 각 아동별, 회기별 치료 과정 및 치료 결과의 변화를 기술하였다.

(1) 포테이지 발달검사

포테이지 발달검사는 0~6세 아동용 발달체크리스트로서 인지, 사회운동, 언어, 신변처리의 5개 발달영역으로 구성되어 있다. 실시요령은 발달 영역별로 양육자 중 한 명이 아이의 연령을 찾아서 아이가 수행할 수 있는 항목에 표시한다.

포테이지 프로그램은 원래 학교 통합교육이 아주 큰 문제였던 미국 위스콘신의 시골지역에서 장애가 있는 유치원 아동들에게 유치원 과정을 가르치기 위해 고안된 것이다. 모든 수업은 교실에서 하는 것이 아니라, 집에서 아동의 부모가 한다. 훈련받은 교사나 준전문교사가 매주 90분씩 각 가정을 방문하여 아동 각 개개인의 필요에 맞춰 최소한 3개 정도의 행동목표를 설정하여 실시하는 프로그램이었다. 현재 우리나라에서는 조기교육실에서 아동의 수준을 체크하고 개별지도하기 위한 기초 자료와 개개인의 발달 변화도를 보기 위한 도구로 많이 사용되고 있다. 포테이지 아동발달지침서는 유아자극, 신변처리,

운동성, 사회성, 인지, 언어의 6개의 발달영역으로 구성되어 있다. 포테이지 아동발달지침서는 정신연령이 0~6세 사이에 있는 아동들을 위해 고안된 것이며, 발달적인 접근으로 구성되어 있으며, 교사·부모·장애아동 관련자들이 아동의 현재 수준을 파악하고, 이를 바탕으로 교육 목표를 설정할 수 있게 되어 있는데 관찰표를 사용하여 아동의 현재수준을 파악하고, 교육의 시작점을 결정하며, 지침카드를 사용하여 아동의 구체적인 프로그램을 계획한다.

이 지침서는 아동이 배워야 할 일련의 행동들을 목록으로 제시하며 지침카드를 바탕으로 교사는 아동의 필요와 능력에 맞추어 목표행동을 설정하고 그 목표가 어떤 기준과 조건에서 달성할 수 있는지에 관해서도 기술한다. 더불어 아동이 배워야 할 목표행동은 과제분석을 통해 보다 작은 단계로 나뉘어져 가르칠 수 있다.

① 유아자극(Infant Stimulation)

어떤 아동이고 발달과 학습의 많은 부분은 그가 유아기에 받는 자극과 강화에 의거한다. 유아자극 부분은 아동으로부터 적절한 반응을 유도하기 위해서 고안된 활동들과 자료들을 제시해 주고 있다. 성인이 유아의 발달을 촉진시키기 위해서 행동을 자극하고 강화하는 구조를 제공한다.

② 신변처리(Self-Help)

신변처리 영역은 아동이 먹기, 입기, 씻기, 대소변 가리기 범주에서 자기 자신을 돌볼 수 있는 행동들과 관련이 있다. 신변처리 행동의 발달은 아동이 가족과 공동체의 행복한, 독립적인 구성원이 되는 데 도움을 준다.

③ 운동성(Motor)

신체의 대·소근육의 협응된 움직임과 관련이 있다. 대근육 운동의 예로는 앉기, 기기, 걷기, 뛰기, 공 던지기 등이 있다.

④ 사회성(Socialization)

사회성 기술은 타인과 생활하고 상호 작용하는 적절한 행동들을 말한다. 학령 전기 동안에 사회적 행동은 아동이 부모, 형제, 또래와 학습하고 노는 면에서 반영된다. 이러한 발달 가능성은 다른 발달 영역에서의 아동의 기술 습득과 환경 내에서 적절하게 기능하는 능력 둘 다에 영향을 미친다.

⑤ 인지(Cognitive)

인지 혹은 사고는 기억력, 같고 다른 것을 보거나 듣는 능력 그리고 개념과 사물 사이의 관련성을 인식하는 능력이다. 인지는 아동 내부에서 발생하기 때문에 단지 아동이 말하거나 행동하는 것만을 보고 측정하게 된다. 기억은 회기 혹은 재산출을 위한 정보의 저장이다. 즉, 아동이 글자와 단어를 식별하기 이전에 신호등과 같은 상징, 물건, 그림, 형태를 기억해야 한다. 아동은 초기에 타인에 대한 모방으로 반응하다가, 나중에야 아동은 알고 있는 기억된 정보로부터 새로운 혹은 이미 인지된 '최선'의 대답들을 말하게 된다.

⑥ 언어(Language)

아동은 환경 내에서 언어를 듣고 언어가 사용되는 상황을 관찰함으로써 언어를 배우기 시작한다. 아동은 음을 발성하고, 옹알이를 하고, 마지막으로 실제적인 단어를 말하기 시작한다. 아동이 한 단어 어휘들을 많이 습득함에 따라, 아동은 단어를 구와 문장들로 결합하기 시작한다.

〈표 3〉 대상 아동 발달 정도

대상아동	성별	나이(만)	장애정도	포테이지 검사 결과	
				사전	사후
아동 A	남	5세	발달지체	신변처리4세 운동성 4세 6개월 사회성 3세 6개월 인지 2세 6개월 언어 3세	신변처리 5세 운동성 5세 사회성 4세 인지 3세 언어 3세 6개월
아동 B	남	3세	발달지체	신변처리 1세 2개월 운동성 2세 6개월 사회성 2세 인지 1세 언어 1세	신변처리 2세 운동성 3세 사회성 2세 6개월 인지 1세 6개월 언어 1세 6개월
아동 C	남	3세	전반적 발달 장애 (자폐성)	신변처리 3세 운동성 3세 사회성 1세 4개월 인지 1세 언어 6개월	신변처리 3세 운동성 3세 사회성 2세 인지 1세 6개월 언어 1세

〈그래프 1〉 포테이지 검사 결과 그래프-사전사후 비교

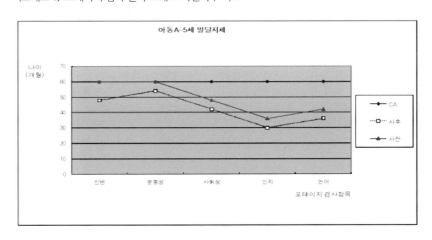

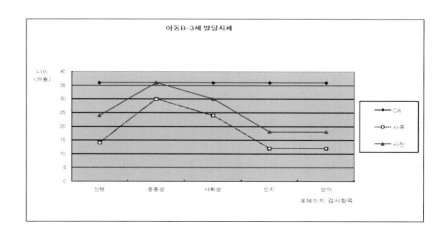

아동 B-3세 발달지체

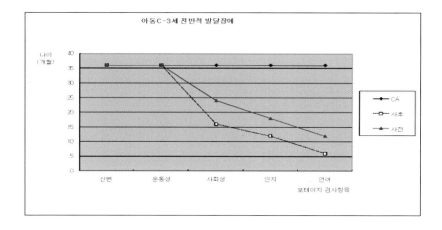

아동 C-3세 전반적 발달장애

　필자는 각 회기 및 점토미술치료의 단계별로 살펴본 자기표현성장의 변화를 체계적으로 분석하기 위해, V. Lowenfeld의 '미술을 통한 성장의 7가지 이론'을 바탕으로 발달장애아동의 표현유형을 5가지로 분류하였다. 지금까지 살펴본 각 회기별 진행내용을 중심으로 '지적, 정서적, 사회적, 신체적, 창조적' 표현성장의 변화를 정리해 보면 다음과 같다.

〈표 4〉 '자기표현성장 5가지' 분류

지적 표현	① 재료와 매체 탐색이 이루어진다. ② 재료와 매체를 적당히 응용한다. ③ 점토를 붙이거나 뜯어내는 세부적인 표현과 구체적인 형상 작업이 가능하다.
정서적 표현	① 자발적으로 작업에 참여한다. ② 작업에 흥미를 갖고 집중한다. ③ 틀에 박힌 행동과 표현을 계속하는가.
사회적 표현	① 다양한 도구와 재료에 대한 탐색이 이루어진다. ② 작업 중 치료사에게 적절하게 요구하거나, 반응한다. ③ 적절한 언어 표현이 나타난다.
신체적 표현	① 눈과 손의 협응이 이루어진다. ② 다양한 선, 크기 모양, 그리고 균형감각 등이 나타난다. ③ 점토를 만질 때 양손을 자유롭게 사용한다.
창조적 표현	① 자발적으로 유희한다. ② 스스로 다양한 재료 선택한다. ③ 모방에 의존하지 않고 자유로우며 대담하게 표현한다.

〈표 5〉 '자기표현성장 5가지' 분류의 통계표

항목	아동	A아동 초기	A아동 중기	A아동 후기	B아동 초기	B아동 중기	B아동 후기	C아동 초기	C아동 중기	C아동 후기
지적 표현	①	2	2	3	1	3	3	1	3	4
	②	1	1	3	1	2	2	2	3	3
	③	2	2	4	1	3	3	1	3	4
정서적 표현	①	3	3	4	2	3	3	2	2	4
	②	3	1	4	2	2	2	1	3	4
	③	2	2	3	1	2	2	2	2	4
사회적 표현	①	2	2	3	1	2	3	1	2	3
	②	2	2	4	1	2	3	1	2	3
	③	2	1	3	1	1	2	1	1	2
신체적 표현	①	1	2	3	1	2	2	2	3	4
	②	2	2	3	1	2	2	2	2	3
	③	2	3	3	1	2	3	2	3	4
창조적 표현	①	2	2	3	1	2	2	2	3	3
	②	1	1	2	1	2	2	1	2	3
	③	2	2	3	1	1	2	2	4	4

<그래프 2> 자기표현성장의 변화

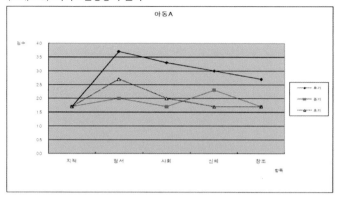

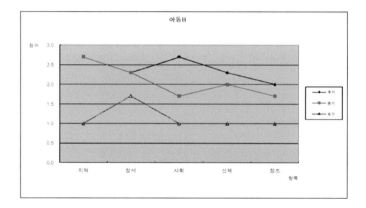

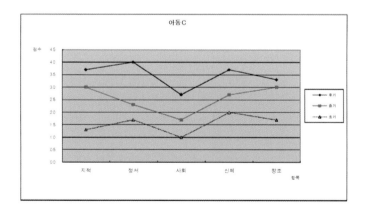

본 연구는 점토미술치료를 중심으로 활용한 미술치료프로그램으로 다양한 미술작업과 함께 주 2회의 작업을 2002년 11월부터 2003년 4월까지 진행한 것이다. 아동별 자기표현단계의 특징을 보면 다음과 같은 변화를 볼 수 있다.

아동A는 회기가 진행되면서 지적·정서적 발달이 두드러지게 나타났는데 아동이 점토를 만지면서 동물 피겨의 형상에 관심을 갖고 정확하게 명명하는 변화를 확인할 수 있었다.

아동B는 사회적·지적 자기표현의 변화가 많이 나타났는데 아동의 양육상태의 변화에도 불구하고 치료사와의 상호작용이 원만하게 이루어지고 또한 적극적으로 재료를 탐색하는 모습이 보였다.

아동C는 사회적 자기표현의 변화는 아주 미흡하나, 전반적인 발달을 고르게 가져온 것으로 보인다. 특히, 정서적인 변화와 신체적 자기표현의 향상을 볼 수 있는데, 아동은 엄마와 분리되어 미술치료 공간에서 독립적인 작업이 이뤄지고 이를 통해 성취감도 높아짐을 볼 수 있었다.

전반적인 점토미술치료의 결과를 살펴보면, 세 명의 발달장애아동 모두 회기를 거듭하면서 작업의 집중시간이 길어졌다. 이는 정서적인 안정감과 인지적 측면의 향상을 말해준다. 또한 점토 작업을 통해 소근육이 발달하므로 미술치료실 안에서의 회화적인 작업이 더 많이 가능해짐을 알 수 있었다. 짧은 선만 그리던 아동들은 긴 선을 그리며 점차적으로 자신이 표현하려는 이미지를 만들어내는 모습을 보여 주었다.

2) 사례 연구

가. 평면

(1) 사례 1: 아동A(남), 생년월일 1997년 9월 ○○일(만 5세)

① 초기 단계(1~5회기)

치료목표	치료사와의 라포 형성 및 재료의 탐색
치료프로그램	1회기-곡식놀이 2회기-점토 탐색 5회기-모래놀이
회기별 주 내용	1회기-콩, 돌 섞여 있는데, 전혀 구분하지 못함. 손에 움켜잡는 힘은 있음. 2회기-자르고, 찌르고, 점토를 탐색하는 행동을 15분 정도 보임. 집중 시간이 점점 길어지고 있음을 초기에 관찰. 5회기-델타샌드를 수저로 퍼서 머리에 뿌리는 등 통제가 이뤄지지 않음. 비생물체인 물건을 '앗 뜨거'라고 표현함. 아동은 진짜 뜨거운 듯이 잠깐 잡았다가 한순간에 놓아버림. 이 행동은 후에 계속됨.
치료사의 분석과 평가	아동이 치료사와 라포 형성이 이루어지고 난 후에 작업은 매우 흥미로워했다. 경기 약으로 인해 손 떨림이 많아 곡식의 크기분류는 이루어지지 않았음. 모래놀이의 상자 틀 안에서 사용을 잘 지키지 못함.

② 중기 단계(6~10회기)

치료목표	사물명칭을 이해하고, 점토 작업에 참여하기
치료프로그램	6, 7회기-피겨의 명칭 알기 8회기-모래놀이(델타샌드) 9회기-점토 작업 10회기-선긋기 작업
회기별 주 내용	6회기-아동의 약물치료로 손 떨림이 많은데 집중할 때는 손떨림이 조금 감소함. 작업 시 동물명명(강아지, 말, 이구아나 등)이 되지 않음. 7회기-동물명명 시, 하마라고 치료사가 명명하면 아동은 하마를 '하더', 강아지는 '강아더', 개굴개굴은 '가덕가덕'이라고 표현함. 아동은 동물에 집착하는 행동을 보임.

회기별 주 내용	8회기-아동행동이 더 급해지고 기다리지 못함, 정리와 스스로 선택하는 놀이가 됨. 델타샌드를 아동이 스스로 선택함. 치료실의 안에서 중앙 책상에서 모래작업을 하는 장소인지 기억하고는 스스로 위치를 잡고 의자를 가지고 와서 앉음. 손은 모래를 만지면서도 치료사의 표정을 살핌. 모래놀이 하다가 도구들이 바닥에 떨어지면, 즉시 주워서 책상 위에 올림. 이런 행동이 5번 정도 반복됨. 아동의 놀이는 주로 도구들을 이쪽 용기에서 저쪽 용기로 옮기기, 델타샌드를 손으로 두드리고는 망치를 들고 내려치는 행동을 반복하면 좋아함. 9회기-점토 작업 시 여전히 자르고, 부수고, 뿌리는 행동. 형태는 아직 나타나지 않음 10회기-아동은 자신의 의사를 행동으로 표현함. 행동조절이 안 됨. 인지가 들어가는 작업 시 하기 싫어하는 의사표현으로 책상을 옮겨버림. 행동 조절이 안 되고 집중도 전혀 안 됨. 아동이 좋아하는 작업을 해도 집중이 안 되고 치료사의 지시에도 따르지 않음.
치료사의 분석과 평가	아동이 계속해서 약물을 복용하고 있는 중에서 작업이 잘 이루어지지 않는 반면에 점토로 작업하는 과정에서는 치료사의 작업을 모방하고, 필자와의 관계에서 계속 확인하려는 모습이 보임. 사물의 명칭이 정확하지는 않지만 그와 비슷하게 말하려는 모습도 보임.

③ 후기 단계(11~15회기)

치료목표	-점토 놀이에서 작업으로의 전환과 치료사의 작업 모방하기 -점토작업에서의 입체 표현하기
프로그램	11회기-점토작업하기 및 화장토로 색 입히기 13회기-모래놀이(델타샌드) 15회기-피겨의 이름과 점토 작업
회기별 주 내용	11회기-점토 작업 시 30분 정도 집중. 관찰력이 늘어나고, 정확하지 않지만 자발적인 언어표현이 많아짐. 치료사가 점토를 밀어서 길게 만들어 주면 아동은 케이크 칼로 자르고 자른 것을 쌓아서 물레 위에서 돌림. 치료사가 화장토를 제공하자 점토덩어리 위에서 바르면서 색깔이 변화는 것을 유심히 관찰함. 치료사가 케이크를 만들어 생일축하 노래를 불러주고 지지해 주자, 좋아하고 케이크에 초를 빼고 막대로 꽂아서 아이스크림이라고 명명하고 먹는 시늉을 한 후, 직접 맛을 보더니 "지지" 하며 잘못된 행동인 것을 스스로 알고는 내려놓음. 점토와 물레로 스스로 30분 정도 작업함. 13회기-언어표현이 많아지고, 치료실 내에서 지켜야 할 규칙을 스스로 인식하고 행동함. 입실하자마자 스스로 델타샌드를 선택하고, 동물피겨를 뺏다 넣었다 하는 행동을 반복하더니, 델타샌드를 망치로 힘껏 내려치고 즐거워함. 5분 정도함. 15회기-스스로 착석이 가능해지고, 사물명명과 언어표현이 정확해짐. 스스로 착석한 후, 책상 위에 있는 다른 아동의 작품을 분할하고 쌓음. 치료사가 다른 아동의 작품임을 설명하고 "주세요" 하자 아동도 따라서 "주세요" 하더니 쌓은 점토덩어리를 건네주고는 "하하하" 정신없이 웃음.

치료사의 분석과 평가	작업에서 보여지듯 집중과 치료사를 모방하려는 모습이 보이며, 점토 작업 후에 치료사에게 확인하려는 듯 계속해서 질문을 던지는 적극적인 자기표 현이 많이 나타남을 볼 수 있다. 또한 가위질도 천천히 바르게 하는 모습과 잡지책을 넘길 때에도 그림을 천천히 바라봄을 볼 수 있다.

(2) 사례 2: 아동B(남) 생년월일: 1999년 7월 ○○일(만 3세)

① 초기 단계(1~5회기)

치료목표	라포 형성과 미술재료에 대한 탐색
프로그램	1회기-곡식만지기와 모래 놀이 2회기-소근육을 사용하여 곡식놀이 3회기-밀가루 위에 그림 그리기 4회기-먹물작업 5회기-곡식에 대한 탐구에서 스스로 만져보기
회기별 주 내용	1회기-곡식만지기에 두려움이 있고, 색과 크기에 따라 하려는 욕구가 보 임. 모래놀이 시, 치료사가 두꺼비집 노래를 부르며 아동의 손에 모래집을 쌓아주니, 그 집에서 손을 빼지 않음. 소근육이 발달되지 않음을 느낌. 손의 떨림이 있고, 꼭 쥐는 힘이 부족함. 곡식, 모래 등 자연물을 좋아함. 언어는 없고, 계속해서 영어를 하다가 치료사가 영어로 이야기하자 잠시 멈추고 다 시 함. 책상달력에 관심을 보이고 가장자리를 상동적으로 손가락으로 넘기 며 촉감놀이를 즐김. 2회기-곡식놀이를 스스로 선택하고 위에서 아래로 떨어뜨리기, 치료사의 손을 잡고 동그라미, 세모, 네모 모양을 그으며 선 유희하기. 집중하지 않고 선이 짧다. 3회기-밀가루로 촉감을 즐김. 일정한 크기의 스티로폼을 제시하고 쌓기를 시키자 곧잘 따라함. 가족 모형을 가지고 각자의 이름 명칭을 따라하게 하자 "아빠"는 정확하게 하는 반면, 엄마나 형보고는 "아휴, 이게 뭐야"라고 함. 4회기-입실하자마자, 책상달력의 가장자리를 손가락으로 넘기며 촉감놀 이. 먹물 난화 시, 먹물이 손에 묻는 것을 꺼려하고 계속 신경을 씀. 붓을 위 아래로 방향을 바꿔가며 돌리는 행위에 즐거움을 느낌. 치료사가 아동의 얼굴을 그려주자 너무 신기해하면서 집중함. 5회기-곡식놀이를 스스로 선택해서, 위에서 아래로 뿌리고, 두꺼비집 놀이 를 함. 치료사가 ABC송을 부르자 관심을 보이고, 아동의 중얼거리는 영어 를 치료사가 따라하면 얼굴표정으로 싫다는 표현을 함. 아동은 다른 아동 의 조형물 작품에 관심을 보이고, 작품의 표면 촉감에 관심을 보임.
치료사의 분석과 평가	치료사와 관계에서는 아동이 관심을 보여주고, 또한 돌리는 상동행동이 많 이 보임을 알 수 있다. 재료에 대한 호기심이 있는 반면, 손에 재료가 묻을 까 겁을 먹는 모습이 보인다. 자연물이 주는 느낌을 아동이 느낄 때도 부드 러운 재료인 밀가루에 특히 관심을 나타냄을 알 수 있다.

② 중기 단계(6~15회기)

치료목표	아동의 상동행동의 변화를 유도하고, 미술작업에 표현하기.
프로그램	6회기-곡식놀이 9회기-물감난화 그리기 12회기-점토의 질감 느끼기(핑거페인팅) 13회기-손물레 돌리기와 화장토 만지기 15회기-종이인형 만들어 가족 이해하기
회기별 주 내용	6회기-곡식놀이를 선택하고 아동이 처음으로 치료사와 한 '곡식이 담긴 용기 안에서만 놀기'란 규칙을 처음으로 어김. 착석을 유도하면 착석이 되나, 작업할 때 시선집중이 안 된다. 손에 묻는 걸 신경 쓰고 싫어했으나, 5회기 때 물감 뿌리기를 한 후, 손에 조금 묻은 물감으로 화지에 손을 한 번 찍어 보더니, 손에 묻는 것에 신경 쓰지 않고 핑거페인팅도 가능하게 됨. 9회기-물감 난화 시, 필압이 낮아 치료사의 손을 잡고 어깨로 크게 몇 번 해본 후, 스스로 난화를 화지의 1/3 정도 그리면서 "옳지"라는 말을 했고, 집중하며 빠져들면서 거의 의식하지 않고 자연스럽게 욕설을 함. 아동은 거부의 표현으로 순간에 눈을 감음으로써 그 상황을 회피하려 하려는 행동을 보임. 재료를 제시하면 계속 돌리려고 함. 12회기-아동의 언어는 무의식적으로 반은 영어, 반은 옹알이를 함. "이게 뭐야"라는 단어는 내뱉지만, 무슨 말인지 모르는지 대화로 연결은 안 됨. 손에 물감이 묻는 걸 여전히 싫어하고 작업 시 손목만 움직여서 작업반경이 좁고 필압이 낮음. **점토놀이:** 치료사가 물레를 제시하자, 아동이 익숙한 '돌리기' 상동 행동을 5분 정도하면서 즐거워함. 점토를 제시하자, 아동이 좋아하는 물레를 뺏을까봐 눈을 감아버림. 치료사가 점토를 굴려서 길게 만들어주자, 케이크 칼로 조심스럽게 얇게 찔러 보다가 멈춘다. 치료사가 케이크를 만든 후, 생일 축하 노래로 아동을 지지해주자 좋아하다가 물개를 슬그머니 자기 앞으로 가져오더니 10분 정도 계속 돌림. 14회기-입실 후, 책상 위에 있는 작품을 보고 "이게 뭐야" 하고 물어보고는 치료사가 "점토로 만든 작품이야"라고 대답해주면 시선을 다른 쪽으로 돌림. 동글동글하게 점토를 굴리면서 "이와어와 씨씨", "이건 뭐야", "아바띠 띠…… 히히히……" 등 의미 없는 말을 계속함. 점토를 손으로 조몰락거리면서 "케이티에프요" , "피자요", "케이크이요" 등 앞에 보다 정확한 단어가 많이 나옴. 동물인지, "후, 힘들어" 하고, 소파에 앉아 쉬려고 함. 치료사가 물레를 주자, 한 손가락으로 돌리며 웃으면서 영어도 아닌 알아 들을 수 없는 언어로 중얼거림. 물레를 돌리던 손에 색연필을 쥐어주자, 화지에 동그라미를 반복해서 그림. 전과 달리 눈과 손의 협응이 많이 좋아짐. 15회기-엄마, 아빠, 형 가족 개념 익히기, 과일 명명 따라하기, 자동차 만들기
치료사의 분석과 평가	아동이 손에 묻는 것을 꺼려하다가, 재료에서 물감보다 점토로 핑거페인팅을 하자 그런 모습이 조금씩 향상됨을 알 수 있다. 또한 점토 작업 후에는 선긋기도 짧은 선에서 조금씩 선이 길어짐을 볼 수 있다. 언어로는 영어를 주로 말하던 아동이 "이게 뭐야" 하는 등의 자발적인 언어가 나타남을 볼 수 있다.

③ 후기 단계(19~25회기)

치료목표	미술치료실 안에서의 자발적인 행동과 작업에 적극 참여하기
프로그램	19회기-곡식 위에 그림 그리기 21회기-양손을 사용하여 곡식놀이 24회기-핑거페인팅
회기별 주 내용	19회기-곡식을 선택하고 혼자 10~15분 정도 놈. 곡식 위에 손가락으로 직선, 나선형을 반복적으로 그리며 집중함. **점토작업:** 아동이 작업에 참여하지 않고 물레에 관심을 보임. 치료사가 길게 만들어주자, 도구를 사용해서 꼭꼭 찍어놓고 물레 위에 놓고 돌리기를 함. 21회기-양육자가 바뀐 후 많이 힘들어하다가 요즘 들어 표정과 음성이 밝아지고 아동이 늘 사용하던 알아듣지 못하는 언어가 많이 나옴. 치료실 안에 있는 전신거울 상자 앞에서 처음에는 조심스럽게 탐색한 후, 안에 들어가 보고 까꿍놀이, 코코(신체인지)놀이를 하며 알아듣지 못하는 언어가 많이 나옴. 먹물 난화 시, 손목만 사용해서 짧은 터치만 하던 아동이 어깨와 두 손을 사용하여 작업영역이 커지고 눈과 손의 협응도 좋아짐. 곡식 놀이 시, 손가락으로 사선이 나오고 곡식의 촉감을 즐김. 24회기-아동이 원하는 곡식을 선택하여 가져와서 착석하고, 뿌리기, 손 등에서 굴리기, 불기 등을 하더니 조금 섞인 밀가루를 보고 "맛있겠다", "빵⋯⋯" 등의 단어가 나옴. 곡식용기 안에서만 놀던 아동이 일부러 밖으로 곡식을 옮기고는 이탈의 자유를 만끽하는 듯한 표정을 지음. **핑거페인팅:** 아동의 손에 물감을 뿌려주니 금방 표정이 밝아지고, 화지에 손 전체를 사용하여 찍어본다. 아동이 좋아하는 거울상자를 열어주자, 양손으로 어깨를 사용해서 크게 원을 그리며 신나게 핑거페인팅을 함. **그리기:** 전에는 색연필만 잡으면 돌리기만 하던 아동이 나선형을 그려 보임. 치료사가 모델링(modeling)을 보이자, 시선이 색연필 끝을 따라갈 정도로 집중함.
치료사의 분석과 평가	촉각놀이로 인해 소근육 향상이 두드러지게 나타남을 볼 수 있는데, 특히 점토놀이 후에 더 적극적인 모습이 보임을 알 수 있음. 모래놀이, 점토놀이에도 도구의 사용이 보이며, 아동이 재료 탐색에도 적극적임을 나타내며, 선 작업에도 선을 따라 집중함을 볼 수 있다.

나. 평면+입체

(1) 사례 3: 아동C(남) 생년월일: 1999년 4월 ○○일(만 3세)

① 초기 단계(1~5회기)

치료목표	엄마와 분리, 치료사와의 라포 형성
프로그램	1회기-재료탐색하기 3회기-선긋기와 가위로 종이 자르기 4회기-핑거페인팅 5회기-색 이름 알아보기와 가위로 색종이 자르기
회기별 주 내용	1회기-치료실에 입실해서 울음을 그치지 않고 계속 욺. 굉장히 산만하며, 수용언어는 있으나 치료사의 지시에는 따르지 않음. 표현언어는 아동이 싫을 때 괴성에 가까운 이상한 "오…… 우…… 꼬디또다……" 하는 울음소리를 내고, 다른 언어표현은 없음. 자주 불안정하고 치료실 안팎을 돌아다님. 치료실 안의 재료들을 이것저것 만지며 탐색함. 3회기-저번 시간에 관심을 가지던 로봇을 찾아 가지고 놀다가 치료사와 함께 손을 잡고 손 유희를 함. 잡지에서 핑구(만화주인공)에 관심을 가지고 그 위에 나선형을 매직으로 그림. **가위질**: 4절 화지를 나선형으로 오리면서 매우 즐거워함. 집중하는 시간도 길어지고, 바르게 착석하나 곧 자세가 흐트러짐. 수용언어를 확실히 알아들으면서도 아동이 하기 싫은 것은 치료사의 이야기를 못 들은 척하고, 하던 행동을 계속한다. 싫증나거나 인지가 들어가는 작업을 하면 우는 시늉을 하거나 뻗댐. 나선형을 종이 위에 그리고 지지를 해주자 치료사와 눈맞춤을 함. 아동은 가위질을 하면서 집중하는 모습을 보이고, 그렸던 나선형 모양으로 가위질을 함. 가위를 입 안에 넣는 위험한 행동을 함. 종료하지 않으려고 고집을 부림. 4회기-입실해서 옆방을 기웃거리며 산만하게 돌아다니고, 치료사가 가운을 입히려고 하자 거부함. 먹물 난화, 매직으로 보이는 종이에 나선형을 그려서 화지를 제공하자 계속 나선형이 나옴. 치료사가 그리는 도구를 바꿔주려고 "주세요"라고 하자 치료사에게 주고 다른 색을 받으면서 관계형성을 함. 치료사가 물뿌리개 안에 빨간색 물감을 넣어 화지에 뿌리는 행동의 모델링을 보일 때는 관심을 가지지 않다가 치료사가 다른 것을 준비하는 동안 아동은 그대로 해 보임. 물감이 손에 묻자 손바닥도 찍어 보고 핑거페인팅을 함. 손 씻기는 여전히 싫어함. 5회기-가위질: 가위를 내주자 집중해서 나선형으로 오리고는 가위질에 지겨워지는지 종이를 손으로 찢어버림. 색종이를 그냥 가져가서 치료사가 "주세요" 하고 가져가라고 하자, 처음에는 책상 밑으로 들어갔고, 두 번째는 "주세요" 하고 가져감. 치료사가 색 인지를 시도하자, 관심을 보이지 않다가 책을 제시하고 한 장씩 넘기니, 책을 자기 쪽으로 가져가서 한 장씩 넘기며 주도하려 함. 종료할 시간을 알리자 끝까지 책장을 넘기며 앉아 있음.

치료사의 분석과 평가	아동이 놀이치료에서 엄마와 분리가 이루어지지 않았다는 부모의 상담에서 미술치료에서 엄마와 분리를 먼저 목표로 삼았다. 아동이 엄마에 대한 애착으로 인해 분리가 되지 않은 것이 아닌 아동의 떼쓰기와 고집이었다. 4회기 이후에는 완벽하지는 않아도 조금 울다가 미술작업에 관심을 보였다. 특히 아동이 관심을 갖고 있는 가위로 나선형을 오리는 모습에 집착을 하는 모습과 나선형을 그리는 모습이 보였다.

② 중기 단계(6~15회기)

치료목표	치료사와 상호작용, 미술작업에서 아동의 감정표출
프로그램	6회기-긴 봉 세우기와 가위로 동그라미 오리기 7회기-모래놀이 8, 10, 13회기-점토놀이와 신체 손 모양 그려보기 15회기-수수깡으로 서로 연결하여 다른 모양 만들기
회기별 주 내용	6회기-가위질할 때 집중하는 35~40분 정도로 시간이 길어지고, 가위를 입에 가져가거나, 손가락을 자르려는 위험한 행동을 함. 언어가 나올 듯하면서 나오지 않고, 다 알고 있다는 듯 웃어 보임. 긴 봉을 쓰러뜨리고 세우고 사이로 뛰어가는 놀이를 재미있어 함. 스스로 정리는 안 되나 치료사와 함께 하면 1~2개는 스스로 정리함. 7회기-입실하자마자 아동이 저번 시간에 가지고 놀던 로봇을 찾아서 가지고 놈. 치료사가 뺏으려고 하자 "잇러 이러" 정확하지 않지만 언어로 의사표현을 함. **젖은 모래놀이:** 구형을 만들어 자르기도 하고 손에 쥐고 정교하게 조금씩 깎으면서 작업에 집중함. 치료사가 아동의 얼굴을 그려주자 방긋 웃으면서 열심히 관찰한 후, 치료사가 "엄마 그려 볼까?"라고 제안하니 큰 원 안에 눈과 입을 3개의 작은 원으로 표현함. 나선형만 나오던 아동이 폐곡선에서 원이 나옴. 8회기-**점토놀이:** 치료사가 점토(백자)를 제시하자, 손에 묻는 것을 꺼려하고 만지기 싫어함. 치료사가 간단하게 굴리는 모델링을 보이자 아동은 치료사가 굴린 점토덩어리를 케이크 칼로 자르고 손바닥을 사용해서 구형을 만든 후, 손물레를 이용해서 돌리는 등 다양하게 도구를 사용함. 가위를 찾아서 점토를 20분 동안 자르고, 자른 것을 뿌리는 행동을 보임. 치료사가 점토를 길게 만들어 끝과 끝을 이어서 원을 만들자 아동도 그대로 따라 원을 만듦. 치료사가 아동의 가위질할 때 손 모양을 교정해주자, 치료사가 말할 때는 듣지 않더니 치료사가 아동을 보지 않으면 바르게 가위질을 함. 가위질할 때 집중시간이 길고, 치료사가 안 보이면 스스로 찾아보기도 한다. 가위를 제시하면 착석이 어려운 아동이 착석을 함. 10회기-**점토놀이:** 점토를 자르고, 찌르고, 가위를 사용해서 자르고, 구멍을 파기도 함. 치료사가 점토를 굴려서 구형으로 만들어주자, 점토덩어리를 쌓으면 아주 좋아함. 치료사가 잘 했다고 지지해주자, 아동은 5분 정도 치료실을 뛰어다니며 크게 웃고 다님. 치료사가 손에 물감을 짜주자, 손에 묻

회기별 주 내용	는 것도 신경 쓰지 않고 손에 묻은 물감에 집중하면서 촉감을 느끼고, 손바닥을 찍어보고 다시 손에 묻은 물감의 느낌에 집중함. 재료 관찰 다양해짐. **13회기-점토놀이:** 점토놀이가 하고 싶은지 점토 작업하는 책상 위에 올라가거나 주위를 서성거림. 치료사는 언어로 의사표현하기를 기다렸지만, 아동은 끝내 언어로 표현하지 않음. 치료사가 아동이 입실해서 놀던 긴 봉을 정리하면 점토를 줄 거라고 하자, 즉시 깨끗이 정리하고 의자를 가져와서 점토작업을 하는 책상 앞에 착석함. 점토덩어리를 가장자리부터 자르고, 찌르고, 긴 구형을 만들어주자 측면으로 길게 자르는 행동을 처음을 보임. 아동이 갑자기 수돗가에 가더니 플라스틱 컵에 3/4쯤 물을 부어 마시려고 함. 치료사가 "목이 마르니?"라고 물어보니 고개를 끄덕거림. 아동은 급박한 상황에도 언어로 자신의 의사를 표현하지 않음. **손뜨기:** 아동은 세심한 손가락 표현은 안 되지만 손바닥을 화지에 대고 손끝의 꼭짓점을 연결해서 크게 원으로 표현하고는 치료사의 손도 그려줌. **만남과 헤어짐:** 저번 시간에 아동과 폐품으로 만든 자동차를 치료사가 아동 가까이에 가져가면 '만남', 멀리 가면 '헤어짐'이라고 모델링을 보이자, 치료사가 '만남'이라고 이야기하면 아동은 자동차를 가까이 가져가고, '헤어짐' 하면 멀리 가져감. 전에 없이 다른 아동이 만든 '놀이터' 작품에 관심을 가지고, 특히 그네에 흥미를 느낌. **15회기-저번 시간에 부러뜨린 수수깡을 글루건으로 연결하는 작업을 하다가 뜨거운 글루건에 처음 손을 데였을 때는 담담하게 데인 손가락만 보더니, 두 번째 데였을 때는 "아야!"라고 언어로 표현함. 3개 정도 연결시키고는 흥미를 잃음. 아동은 물감에 흥미를 보여 치료사가 아동 손에 물감을 짜주자, 손바닥에 놓고 손가락으로 썩은 후, 손바닥을 찍어봄. 치료사가 찍기 도구를 제시했으나, 도구에는 관심이 없고 손바닥 찍고, 찍은 것을 부비고, 손톱으로 끌더니 자세히 관찰함. 치료사가 아동에게 물감을 짜주면서 "초록색"이라고 하자, 작업에 집중하다가 물감을 받던 아동도 "초록색"이라고 작게 말하고는 웃음. 종료를 알리자 종료하기 싫어서 손 씻다가 도망가는 등 종료를 지연함.**
치료사의 분석과 평가	아동이 초기에 비해 미술실을 좋아하고 미술작업에도 적극적인 모습을 보여 주지만 언어에 향상은 두드러지지 않음. 자신의 감정조절의 기복이 너무 크며, 자기 뜻대로 되지 않으면 바닥에 눕는 행동을 반복해서 함. 점토를 작업하는 중에 집중과 치료사의 행동을 모방하며, 기억했다가 비슷한 작업을 할 때 보여주는 모습이 나타남. 선긋기도 초기에는 나선형만 그리다가 점차 짧은 직선을 그리다가 자를 대고 긴 선을 그리는 모습이 보인다. 의자에 착석하여 작업하는 모습도 보이고, 치료사에게 요구할 때도 정확하지는 않아도 언어와 행동이 함께 볼 수 있다.

③ 후기 단계(16~20회기)

치료목표	-다양한 표현과 치료사와의 관계 형성에서 사회성 발달 -아동 스스로 자극하고, 스스로 미술표현하기
프로그램	17회기-색종이 찢어 작업하기 18회기-점토 작업에서 형태 만들고 무늬 넣기 20회기-모래놀이와 석고 작업 후에 작품에 채색하기
회기별 주 내용	17회기-색종이를 손을 찢어서 붙이고, 구경하고, 또 찢고 구경하고를 반복함. 물뿌리개를 들고 와서 아동이 한 작품에 뿌려봄. 치료사가 사인펜으로 물이 묻은 곳에 긋자 색이 퍼지는 걸 보고 아동 "와" 하다가 치료사를 의식하고는 "꼬디꼬디"(아동이 항상 하는 상동행동)로 바꿈. 앞에 시간에 만든 점토작품에 물을 뿌려 보고 즐거워함. 곡식을 제공하자, 두 손으로 뿌려 보고, 관찰하더니 치료사의 두 손에 담고, 빼면서 열심히 놀더니 갑자기 치료사의 손을 보더니 놀라서 뺀다. 치료사가 아동의 귀에 귀지가 많다면 빼주려고 하니 아동은 곡식을 귀에 넣다가 제지당함. 치료사가 인지를 시도하자 일어나서 다른 재료를 탐색하던 수수깡을 가져와서 가위로 자름. 치료사가 제지하자 우는 소리를 내며 억지를 부림. '생각의자'에 앉게 하고 치료사가 신체인지 노래를 부르며 율동하며 따라하기를 유도했으나, 아동은 빤히 보면서 따라하지 않음. **거울 상자:** 사방이 거울로 된 상자 문을 열자, 아동 "야" 하고 관심을 보이고 치료사가 먼저 들어가자 밖에서 문을 닫고 밖에서 잠그고 다시 열어서 치료사의 존재를 확인하고 같이 들어가서 문을 닫기도 하고 혼자 들어가서 놀기도 함. 거울상자에 나와서 웃으면 뛰어다니고 두 팔을 벌리고 날아다니는 행동을 하기도 함. 20회기-아동은 입실해서 물뿌리개에 관심을 보임. 나선형을 그린 후, 원을 그림. 치료사가 아동이 원을 그리면 주위에 그리며 "너랑 나랑 번갈아가며 그리자"라고 하니 아동은 웃더니 번갈아가면 원을 그림. 아동이 그린 원 주위에 물고기를 그려주니 아동도 따라 그려보다가 싫증을 내고 일어남. 저번 시간에 한 **석고붕대 채색:** 치료사가 팔레트에 물감을 짜서 붓과 제공하자 아동은 붓은 사용하지 않고 손으로 찍어서 표현함. 입실 후 관심을 보이던 물뿌리개를 가져와서 뿌려 보고 색이 썩히는 것을 관찰함. **젖은 모래놀이:** 자르기, 구형 만들어서 세심하게 깎아내기, 치료사와 함께 아이스크림을 만들어서 예쁘게 다듬기를 하더니, 스스로 홈이 있는 용기를 가져와서 흙을 알맞게 넣어 다듬고는 다른 용기에 모래를 흘리지 않고 옮겨 담으려고 노력함. 종료시간에 맞추어 스스로 손을 씻음.
치료사의 분석과 평가	미술치료실에 들어오길 좋아하고, 먼저 미술치료실 안에서의 규칙은 잘 지켜지지 않지만 치료사의 지시에 따라 움직이는 모습이 보이고, 재료의 선택에서도 아동 스스로 찾아서 작업을 리드하는 모습이 보인다. 언어의 표현도 상황에 맞게 간혹 한두 단어로 말을 하는 모습이 보임. 한 작업 후에 다른 작업에서 바꾸어 갈 때도 치료사의 지시에 따라 진행되는 것이 보임. 소근육 향상에도 정교한 표현과 원의 형태를 잘 표현한다.

3. 발달장애아동의 점토미술치료 선행연구

점토는 한 덩어리의 흙으로 인류의 발생과 더불어 고대에서 현재에 이르기까지 인류의 발생과 더불어 고대에서 현대에 이르기까지 인간의 생활이나 정서에 밀착되어 중요한 사회적 기능을 하였으며, 인류문화의 발달과 함께 성장해 온 가장 오래된 예술 재료 중의 하나이다. 점토는 아동에게 재료의 친근감을 주며 아동의 사고, 감정을 표현하는 데 적절한 재료이고, 자유로운 형태변화와 폭넓은 표현활동을 가능하게 하는 재료로서 조형능력의 신장에 중요한 위치를 차지하고 있다(안영주, 1999).

안영주(1999)는 촉각과 시각을 개발하고 발달시키는 것은 개인의 내면에 잠재해 있는 가능성을 외부로 표출하게 하는데, 이는 다양한 표현과 창의성을 발휘할 수 있는 계기로 작용한다고 했다.

권정택(1997)은 찰흙놀이를 통한 특수학교 어린이의 자기표현에 관한 연구에서 정신지체아동에게 찰흙놀이를 이용한 자기표현은 신체적으로 소근육이 발달되고 정서의 안정을 도모하며 아울러 정신적 긴장을 해소하기도 한다고 하였다. 또한 찰흙놀이를 통한 긴장으로부터의 해방은 창조성이 깃든 자기표현을 함으로써 다른 것에도 자신감을 불러일으켜 적극적 생활방식을 갖게 된다고 하였다.

이창언(1998)은 정신지체아의 점토 활동 연구를 통해, 점토는 양감을 나타내는 재료로 정상아동과 같이 정신지체 아동의 성장에 미치는 영향이 크다고 하였다. 점토활동은 표현력이 높아질수록 상징적, 주관적, 추상적, 종합적, 입체적으로 표현하며 몸을 조정하는 방법과 근력이 향상되어 표현력에 있어 정교함을 보여주고, 결과적으로 점토가 정신지체아동에게 흥미를 유발시켜 자유로운 자기표현을 하게 한다고 하였다.

김태환(1997)은 유아의 창의적 표현 능력을 신장시키고, 정신적 성장을 하는데 도움을 줄 수 있는 미술활동의 한 방안인 점토활용에 대해 연구하면서 점토와 같은 다양한 재료경험이 필요하며 아무런 제약이나 요구 없는 자유로운분위기에서 점토를 만지고 주무르는 탐색과 실험의 경험을 충분히 배려해 주어야 한다고 했다.

채은영(1997)은 어린이들의 점토표현 특성에 관한 연구를 하였는데 이차원적인 그림표현과 삼차원적인 점토표현의 특성을 살펴보면서 종이 위의 그림표현보다는 점토를 사용한 표현주제가 다양하다고 하였으며 이는 감각기관이 수반되어 유희적인 요소가 가미되고 즉흥적인 감각이 작용해 다양한 표현을 나타낸다고 하였다.

김지나(2000)는 소조활동을 통한 자폐아 미술치료 사례연구를 통해 소조활동이 자폐아에게 촉각적인 감각을 요구하기 때문에 자발적인 모방에 적극적으로 참여하려는 의지와 산만했던 자폐아동이 주의집중을 하기 시작하였다고 한다. 또한 미술치료를 통해 타인과의 신뢰감을 형성하는 기회를 가져 긍정적인 대인관계 및 사회 형성에 도움을 주었음을 알 수 있었다고 한다.

석미진(1996)은 자폐아동의 그림에 의한 심리분석과 미술치료에 관한 사례연구에서 미술치료 후에 그림의 변화가 주조색의 고른 분포, 인물 표현과 인물 수의 높은 비율은 자폐증상의 전반적인 발달에 도움을 준다고 했다. 또한미술이 지니는 활동성과 흥미도는 사회적 접촉이 어려운 자폐아동과 치료사간의 신뢰적인 관계를 형성하는 데 많은 도움을 주어 사회성결함에 큰 발달을가져와 대인관계형성과 언어발달에 큰 도움을 준다고 했다.

이주연(2002)은 소조활동 중심의 미술치료가 아동의 분리불안과 애착관계에 미치는 효과에서 소조활동을 중심으로 한 미술활동을 통해 대상아동은 긴장과 불안한 감정을 이완시키고 치료실 내에서의 안정된 관계를 경험하여 자연스러운 감정 표출과 함께 분리불안 행동의 감소를 가져왔다고 한다.

최은영(1994)은 소조활동을 통한 미술치료가 자폐성 아동의 대상관계에 미치는 효과에서 자폐성아동이 아이들, 어른들과의 놀이관계 증진 및 놀이종류의 증가와 같은 대상관계의 변화에 영향을 미쳤다고 한다. 또한 지시 따르기 및 자발성, 집중력, 자발적 모방행동의 증가와 같은 대상관계의 변화에 영향을 미쳤다고 했다.

이와 같은 선행연구를 살펴보면 점토의 치료적 가치와 점토활동이 아동의 자기 표현력을 향상시키는 데 효과가 있음을 확인할 수 있었으나 발달장애아동을 대상으로 한 점토미술치료에 대한 연구가 미미한 실정이다. 또한 발달장애아동의 자기표현 향상을 위한 미술치료에서 점토미술치료의 체계적이고 전문적인 접근이 필요한 실정임을 알 수 있었다.

PART 05
결론

결론

이제까지의 내용을 통하여 점토미술치료가 발달장애아동에게 좋은 접근법이며, 그들이 미술치료매체 중 자연과 가까운 점토를 사용함으로 정서적 안정과 자신만의 자기표현을 할 수 있음을 보았다. 그것은 점토가 가지고 있는 가소성이 이 세상에 존재하는 어떤 재료보다도 자유로운 표현이 가능한 특성을 가지고 있기 때문이다.

점토의 유연성에 의하여 마음대로 주물러 표현할 수 있는 것이 점, 선, 면 입체의 어떤 형태로든 작업이 가능하며, 매스와 양감의 특성을 형태 운동감, 공감각 등의 조형감각을 형성하기에 적합하다. 입체작품은 평면 작품과 달라서 아동이 점토로 형태를 표현하려면 사물을 여러 시점에서 관찰해야 하며, 사물에 대한 입체적인 시각을 갖게 된다.

점토미술치료는 발달장애아동의 억압된 감정을 표출하도록 도와준다

미술치료의 가장 큰 목표 중 하나인 아동의 정서적 안정감과 자신감 획득으로 아동이 외부세계에 대응하고 건전하게 성장 발달할 수 있게 도와준다는 것을 알 수 있다.

점토미술치료는 발달장애아동의 창의성을 향상시킨다.

　　점토작업은 창조과정의 시작일 뿐만 아니라, 공간을 준비하고 무엇을 할 것인지를 결정하고 아동들이 시작하도록 돕는 것은 미술치료의 중요한 핵심을 시작하는 데 필요하며 특히 발달장애아동에게 지시적이기보다, 지지자의 역할과 그들에게 즐거운 창작의 기회를 부여해야 한다고 생각된다.

　　발달장애아동이 점토를 주무르는 동안에 관찰되어지는 행동을 보면 하나의 형상을 만들어 내기까지 다양한 어려움을 뛰어넘고, 아동 자신이 완성된 자신의 작품에서 큰 성취감을 느끼는 것을 볼 수 있었다.

　　특히 코일링 작업으로 그릇을 만들어 가는 과정에서는 작품의 높이에 따라 감정적으로 아동이 경험하는 기쁨과 성취감을 긍정적으로 느낀다는 것을 볼 수 있었다.

　　가마소성과정은 발달장애아동이 직접 경험하지 못하는 경우가 많다. 그 이유는 안전에 관한 문제 때문이다. 소성 후에 유약작업에서 치료사의 개입이 절대적으로 필요하여, 초벌(1차 소성) 후 채색을 하고 작업을 끝내는 경우는 아동과 치료사가 함께 작업을 해야 한다. 또한 재벌(2차 소성) 후에는 발달장애아동에게 작품 감상 부분에서 아동이 만든 작품을 떨어뜨려 깨질 경우에 신체의 손상에 대한 안전 문제를 부모에게 주의시켜야 한다.

점토미술치료는 발달장애아동의 자기 표현력을 향상시킨다

　　아동의 감정과 정신의 바탕은 누구도 대신할 수 없는 자신만의 세계를 표현할 수 있는 자아성장의 길이다. 촉각을 통하여 이루어지는 점토작업은 아동에게 재료를 만져서 느껴 보거나 손으로 다루어 보는 데서 무엇보다도 큰 즐거움을 준다.

처음 아동이 점토라는 매체를 만지는 것에 대하여 손에 뭔가가 묻는 것으로 인식하여 이를 거부할 때 치료사가 함께하는 작업은 아동에게 안정감을 주며, 재료에 대한 호기심과 놀이적 요소가 가미된 작업 즉 자기표현으로 옮겨감을 볼 수 있다.

점토를 이용한 자기표현은 아동의 정신적 긴장과 심리적 갈등을 발산시켜 주므로, 카타르시스를 가져온다. 주무르는 대로, 만지는 대로, 형태의 이미지는 점토 재료에서 느껴지는 허용성과 친화력, 성취감이 발달장애 아동에게 주변 환경에 대한 긍정적인 시각을 일깨워준다. 발달장애 아동의 양가적인 감정을 친숙한 느낌으로 바꾸어 주고 자신의 느낌을 창의적인 방법으로 해소시켜준다.

점토미술치료는 발달장애아동의 소 근육의 발달로 인한 신체적인 조화를 이룰 수 있다

감각적 훈련은 아동의 대뇌 활동을 왕성하게 하여 지적능력을 향상시키며, 시각과 촉각의 감각 기관 발달을 촉구한다.

아동이 점토를 주무르고 두드리며 형태를 만드는 과정에서 신체의 각 부분은 조화를 이루고 손 기능을 발달하게 된다. 아동은 눈과 손, 팔 등 전신을 다 움직여 작업하기 때문에 소 근육이 발달하게 되고, 조형적 사고력과 눈과 손의 협응 능력이 발달하게 됨으로, 결과적으로 신체의 각 부분의 조화로운 발달을 촉진시킨다.

비록 많지 않은 수의 아동을 대상으로 한 임상사례였지만, 임상현장에서 활용할 수 있는 점토미술치료프로그램 개발을 체계적으로 하였다는 데 의의를 둔다.

이 책은 점토가 한국인의 정서 속에 강한 모성애적인 원형으로, 점토미술치료에서 매개체인 재료로서 거부감 없이 자연스러운 미술치료활동이 이루어짐을 보여 주려고 하였다. 발달장애 아동은 점토미술치료 중에 정서적으로 안정적인 모습을 보여주고 작업에 몰입하는 시간이 길어지면서, 재료에 대한 탐색과 자유로운 자기표현이 이루어졌다.

이렇듯 점토미술치료는 회화적인 평면 작업에서부터 입체적인 작업에까지 아우르며 미술치료의 효과를 확장시켜, 전문적인 미술치료의 한 분야로 자리매김 할 것으로 보여진다.

---

41) 국내에서는 최초로 도예작업치료라는 용어의 사용을 원광대학교 예술치료학과 정동훈 교수가 2001년 『한국예술치료학회지』에 기제한 「도예작업치료의 기법연구와 치료적 효과에 관한 연구」에서 사용하였다.

1. 점토미술치료(粘土美術治療, Clay Art Therapy)

'점토미술치료'는 점토를 이용한 창작과정을 활용하며 작업과정이 중시된 미술치료의 한 분야이다. 평면적이면서 입체적인 미술치료를 추구하며 도예용 점토의 특성을 활용한 미술치료로서 장애아동은 물론 성인과 노인미술치료에도 광범위하게 활용되고 있다.

점토미술치료라는 용어는 도예작업치료에 비하여 심리진단을 중심으로 하는 치료기법으로 정의하며 점토치료, 흙치료, 찰흙놀이, 점토놀이 등의 용어는 놀이치료나 특수교육, 아동미술교육 현장에서 사용되는 용어들로서 도예작업치료와는 구분되어 사용하여야 한다.[41]

국내에서는 원광대학교 예술치료학과 석사과정에서 최초로 교과목으로 선정하여 강의하고 있으며, 점차 확산되고 있는 한국적인 미술치료기법이다.

---

42) V. Lowenfeld 브리테인, 서울교육대학교 미술교육연구회 역, 『인간을 위한 미술교육』(서울: 미진사, 1998), p.46.

2. 자기표현(Self-Expression)

V. Lowenfeld는 자기표현(self-expression)을 말할 때, 일반적인 개념인 아이디어와 사고의 표현이 아닌, 어떤 종류의 매체를 진지하고 독창적으로 사용하는 데 있어 '어떻게 표현하느냐'가 중요하다고 했다. 그러므로 어떤 구체적인 표현대상이나 의미가 없는 난화(scribble)와 옹알이(babble)도 잠재적으로 하나의 중요한 창조형태이며 자기표현 방법일 수 있다는 것이다.[42] 자기표현은 아동의 발달 단계에 벗어나지 않고 자신의 수준에 맞으며, 아동만의 독립적인 사고를 갖고 있다. 이것은 정서적인 배출구로서 역할을 하며, 자유와 융통성을 발휘하고 새로운 상황에 쉽게 적응하며 아동이 성취감을 느끼게 되고 도약을 할 수 있는 결단성도 함유하게 된다.

이 책에서는 자기표현을 '의존적 사고에 의한 표현이 아니라 아동 자신의 창의적이고 자발적인 표현양식으로 나타내는 능력'이라고 정의한다.

3. 인화문

질감을 갖고 있는 도구 또는 재료들을 점토에 찍어 눌러서 문양을 만들게 되므로 인화문이라 한다. 신라, 백제 때의 토기에 가장 많이 사용되기도 하였던 기법으로서 빗살이나 꽃 모양을 도장을 사용한 유물이 많이 남아 있다. 이 인화문을 만들기 위해서는 태토가 비교적 무른 상태일 때 조작해야만 구열이 생기지 않으며, 너무 무른 상태일 때는 변형이 되거나 도장에 흙이 붙어 버리게 되어 원하는 문양을 얻을 수 없게 되므로 건조도에 주의해야 한다.

4. 소성

가마에서 도자기를 구워내는 과정을 말하며 일제시대부터 사용되는 단어이나 최근에는 번조라는 단어로 사용되고 있다. 성형한 도자기를 정형하고 충분히 건조시킨 다음에 소성을 한다. 소성공정은 그 목적에 따라 초벌구이, 재벌구이, 장식구이 또는 애벌구이, 유약구이, 상화구이 등으로 구분된다. 제품의 종류에 따라 초벌구이와 재벌구이를 동시에 하는 막재벌의 경우도 있다. 현대 도예가들은 다양한 소성 방법을 연구하고 터득하여 나름대로의 독특한 소성 효과를 낼 수 있어야 한다. 외국에서는 소성이나 가마의 구조, 가마짓기 등에 많은 연구과 경험발표 등이 있으며 대학에서 소성과정을 가르치는 학과목이 개설되어 있는 경우도 많이 있는 실정이다. 그러나 국내에서는 이러한 분야의 연구가 소홀하거나 무관심하여 우리의 전통 장작가마 소성기법마저도 소멸되어 가고 있는 안타까운 실정이다. 간편한 가스가마나 전기가마에 만족하지 말고 다양한 소성방법에 대한 실험적인 연구가 지속되어야 할 것이다.

5. 투각

그릇에 나타나고자 하는 어떠한 형상을 돋보이게 하기 위하여 형상을 칼로 도려내는 기법과 형상 이외의 부분을 도려내는 기법인데, 대개 연적이나 필통 같은 문방용구의 소품에 많이 사용된다. 고려시대의 청자에서 투각기법이 있어서 2중호 등을 투각으로 만들었으며 조선시대의 백자에도 투각필통 등이 제작되었다.

6. 코일링

가래성형 또는 타래성형이라 하며 점토가래를 사용하여 형태를 만드는 방법이다. 도예에 입문하는 초보자들이 많이 활동하는 성형기법으로 점토를 가늘게 타래로 만들어 원하는 형태대로 쌓아올리는 방법이다. 윤적법이라고도 하며 우리말로는 타래성형이라고 하는 것이 좋겠다. 옹기물레를 사용하여 성형할 때에도 타래를 쌓아서 도개와 수래로 두드려서 성형하지만 일반적으로 코일링은 도자조각 등 대형 작품을 성형할 시에 좋은 방법이다. 현대도예에 많이 활용되고 있으며 물레성형보다도 자유로운 형태미와 대형작업의 가능성으로 애용되고 있다.

7. 물레성형

물레를 이용한 대칭인 기물을 만드는 방법으로 도자기 성형방법의 가장 기초적이며 또한 보편적인 성형방법이다. 또한 가장 널리 알려져 있으며 재미있기도 한 성형방법이다. 물레 성형을 하면 대칭인 기물만을 만드는 단점이 있기는 하지만 빠른 시간 내에 많이 만들고 다양하게 성형하는 장점이 있다.

8. 판상성형

판상성형은 흙덩어리를 방망이로 넓적하게 두드린 흙판을 이용해 성형하는 방법으로, 판상의 흙판을 접거나 잘라 붙여 성형한다. 이 판상성형 방법은 신라 토기 중의 기마 인물상이나 말형, 수레형, 배형, 집형, 오리형 등의 이형토기에 주로 이용되었으며, 고려시대 이후에는 그리 흔하게 쓰인 것 같지 않다. 그러나 현대도예에는 판상성형이 다양하게 이용되고 있다. 점토판을 쉽게 만들기 위하여 판상 성형기(slab roller)를 사용하기도 하며 넓게 만들어진 점토판을 이용하여 다양한 형태의 작품을 성형한다. 판상성형은 쉽게 대형작업을 할 수 있으며 작가의 개성이 담긴 작업이 가능하기 때문에 많은 도예가들에게 애용되고 있는 방법이다.

9. 핀칭성형

핀치(pinch)는 꼬집는다는 뜻으로서 핀칭성형은 점토덩어리를 손가락으로 꼬집듯이 하여 성형하는 기법이다. 이것은 아주 단단하고도 기본이 되는 기법으로 사람이 도자기를 만드는 데 최초로 사용했던 방법 중의 하나였을 것이다. 요즈음에도 이 방법을 이용하여 훌륭한 작품을 만드는 작가들이 있다.

만드는 순서는, 우선 소요되는 크기의 점토를 준비해서 대강 공모양의 둥근 형태를 만들고 이것을 한 손에 들고 다른 손의 엄지손가락으로 가운데를 누르면서 돌린다. 엄지손가락으로 누를 때에는 자연히 집게손가락으로 꼬집듯이 하면서 기벽을 만들게 된다. 이 과정을 알맞은 두께의 기벽이 될 때까지 계속한다. 이때 흙이 너무 되거나 너무 오래 만지면 기법이나 전이 갈라지므로 물을 약간씩 축이면서 하는 것이 좋다. 그러나 흙이 질거나 물을 너무 많이 쓰면 기물이 처지므로 적당한 선을 지켜야 한다.

10. 디오라마

어떤 상황이나 주제를 가지고 모형으로 제작한것을 말한다(네이버 지식검색).

참고문헌

〈국내 단행본〉

곽금주, 『아동 심리평가와 검사』(서울: 학지사, 2002).

김재은, 『아동화의 심리분석』(서울: 학연사, 1990).

김진숙, 『예술심리치료의 이론과 실제』(서울: 중앙적성출판사, 1993).

김춘경·정여주, 『집단상담−이론과 실제』(서울: 학지사, 2001).

서울교육대학교 미술교육연구회, 『유아미술교육학』(서울: 학문사, 1997).

송명자, 『발달심리학』(서울: 학지사, 2001).

송영혜, 『발달장애 진단의 이론과 사례』(서울: 특수교육, 2000).

신민섭, 『그림을 통한 아동의 진단과 이해』(서울: 학지사, 2002).

염경숙, 『아동상담과 놀이치료』(서울: 상조사, 2002).

염태진, 『유아교육을 위한 창작공예』(서울: 창지사, 1998).

이정환, 『유아교육의 통합적 미술교육 과정』(서울: 창지사, 1995).

임무근, 『도예』(서울: 대원사, 1989).

윤현섭, 『예술심리학』(서울: 을유문화사, 1988).

장양길, 『찰흙놀이』(서울: 보육사, 1983).

정동훈, 『도자예술용어사전』(서울: 월간 세라믹, 1991).

정동훈, 『유약연구』(서울: 디자인하우스, 1993).

정명주·전현주·안태희, 『아동미술치료 이렇게 하세요』(서울: 형설출판사, 2002).

최재영·신승녀·정여주, 『유아미술치료』(수원: 수원여자대학교, 2002).

홍혜자, 『유아의 그리기 및 찰흙활동에 관한 일 연구』(조형교육6, 1990).

〈번역서〉

도날드 위니캇, 이재훈 역, 『놀이와 현실』(서울: 한국심리치료연구소, 1997).

V. Lowenfeld, 서울교육대학교 미술교육연구회 역, 『인간을 위한 미술교육』(서울: 미진사, 1993).

말키오티 캐시 A, 최재영·김진연 공역, 『미술치료』(서울: 조형교육, 1997).

말키오티 캐시 A, 김동연·이재연·홍은주 공역, 『아동미술심리이해』(서울: 학지사, 2001).

미국정신의학회, 이근후 외 역, 『정신장애의 진단 및 통계편람 제4판』(서울:하나의학사, 1995).

주디트 루빈, 김진숙 역, 『미술심리치료 총론』(서울: 한국표현예술치료협회, 2001).

주디트 루빈, 주리애 역, 『이구동성 미술치료』(서울: 학지사, 2001).

베티에드워즈, 『오른쪽 두뇌로 그림 그리기-베티의 미술교실1』(서울: 크로바, 1998).

W. Kandinsky, 『예술에 있어서 정신적인 것에 대하여』(서울: 열화당 미술선서 20, 1979)

W. Kandinsky, 『점·선·면- 회화적인 요소의 분석을 위하여』(서울: 열화당 미술선서 35, 1985).

허버트 리이드, 『예술의 의미』(서울: 정음신서12, 1979).

Cbarles Wenar, 이춘재 외 공역, 『발달정신병리학』(서울: 중앙적성출판사, 2002).

Eric J. Mash & David A. Wolfe, 조현춘·송영혜·조현재 공역, 『아동이상심리학』(서울: 시그마프레스, 2001).

S.Biuma, M.Shearer, A.Frohman and J.Hilliard, 강순구·조윤경 공역, 『포테이지 아동발달 지침서』(서울: 특수교육, 1998).

Gerand Corey, 조현춘·조현재 공역, 『심리상담과 치료의 이론과 실제』(서울: 시그마프레스, 1996).

Peggy Davison Jenkins, 김수영 역, 『재미있는 미술공부』(서울: 교육과학사, 1995).

〈국내 학위논문〉

강승아, 「자폐아동과 정상아동의 그림표현 비교연구」(석사학위논문, 이화여자대학교 교육대학원, 1986).

강정원, 「행위와 선택에 의한 점토작업」(석사학위논문, 서울대학교 대학원, 1999).

김혜자, 「초등학교 찰흙공작의 제안적 연구: 1학년 아동을 중심으로」(석사학위 논문, 숙명여자대학교 교육대학원, 1994).

권정택, 「흙놀이를 통한 특수학급 어린이의 자기표현에 관한 연구」(석사학위논문, 단국대학교 교육대학원, 1994).

김경숙, 「찰흙작업을 통한 조형교육에 관한 연구」(석사학위논문, 한국교원대학교 대학원, 2000).

김귀영, 「도예가 자폐아동의 정서에 미치는 영향」(석사학위논문, 경희대학교 교육대학원, 2001).

김명성, 「감각통합훈련이 발달장애아동의 수용언어 및 표현언어에 미치는 효과」(석사학위논문, 대구대학교 특수교육대학원, 2001).

김지나, 「소조활동을 통한 자폐아 미술치료 사례연구」(석사학위논문, 상명대학교 교육대학원, 2000).

김태환, 「점토공작을 활용한 유아기의 창의력 성장에 관한 연구」(석사학위논문, 경희대학교 교육대학원, 1997).

김필아, 「찰흙활동이 자폐성향 아동의 대인관계 향상에 미치는 효과」(석사학위논문, 단국대학교 특수교육대학원, 2002).

박소연, 「음악활동이 발달장애아동의 자기표현에 미치는 영향」(석사학위 논문, 명지대학교 사회교육대학원, 2001).

박낙선, 「아동화에 나타난 표현성에 관한 연구」(석사학위논문, 영남대학교 교육대학원, 1989).

박주연, 「자기표현 미술활동이 정서장애아동의 자아개념에 미치는 효과」(석사학위 논문, 공주대학교 교육대학원, 1999).

석미진, 「자폐아동의 그림에 의한 심리분석과 미술치료에 관한 사례 연구」(석사학위 논문, 한양대학교 교육대학원, 1996).

안명자, 「점토놀이를 통한 유아기 조형감각 계발」(석사학위논문, 성신여자대학교 교육대학원, 1994).

안영주, 「초등도예교육의 방법연구」(석사학위논문, 부산대학교 교육대학원, 1999).

이주연, 「소조활동중심의 미술치료가 아동의 분리불안과 애착관계에 미치는 효과」(석사학위논문, 대구대학교 재활과학대학원, 2002).

이정훈, 「점토조형 활동에 의한 미술치료가 비행청소년 선도에 미치는 효율성에 관한 연구: 시설보호소 청소년을 중심으로」(석사학위논문, 경희대학교 교육대학원, 2001).

원계선, 「찰흙 교수방법에 따른 찰흙활동의 효과 연구」(석사학위논문, 이화여자대학
원, 1995).

정동훈, 「도예작업치료의 기법연구와 치료적 효과에 관한 연구」(한국예술치료학회
NO, 2001).

정찬국, 「체험적 입체조형교육을 위한 재료연구: 점토를 중심으로」(청주교대논문집
27, 1990)

조　현, 「유아찰흙활동 지도방법에 관한 모색」(조형교육 제 20호 가을, 한국조형교
육, 2002).

최은영, 「소조활동을 통한 미술치료가 자폐성 아동의 대상관계에 미치는 효과」(석사
학위논문, 대구대학교 재활과학대학원, 1994).

채은영, 「어린이 점토표현 특성에 관한 연구: 6-7세 어린이를 중심으로」(석사학위논
문, 숙명여자대학교, 1997).

〈국외 저서〉

Angela Hobday, M. Sc. Kate Ollier, M, *Creative Therapy With Children &*
Adolescents(Impact Puplishers, INC,1999).

Davis R. Henley, *Exceptional Art-Teaching Art To Special Needs*(U.S.A: Da-
vis Publication, Inc. 1992).

Manuel Barkan, *A Foundation for Art Education*(New York: Ronald Press
Co,1955).

Judith A. Rubin., *Child art therapy (2nd ed)*(New York: Van Nostrand Rein-
hold, 1978).

Judith A. Rubin, *Art Therapy Edwards Brothers*(Lillington. Nc. 1998).

Janet Bush, *The HandBook of School Art Therapy Introducing Art Therapy*
into a School System(Charles C Thomas Pub. 1997).

Malchiodi, *Art Therapy and Computer Technology: A Virtual Studio of*
Possibilities(Jessica Kingsley, 2000).

Malchiodi, *Medical Art Therapy With Children*(Jessica Kingsley, 1999).

Rubin, Judith.(Ed), *Approache to Art Therapy*(New York: Brunner/Mazel, Inc,

2001).

Kramer, E., *Art as Therapy with Children*(New York: Schocken Books, 1971).

Kramer, E. & Wilson, L., *Childhood and art therapy: Notes on theory and application*(New York: Schocken Books, 1979).

한영희

원광대학교 일반대학원 보건학과 예술치료 전공 박사과정 졸업
원광대학교 보건환경대학원 예술치료학과 미술치료 전공 졸업
이화여자대학교 미술대학원 도예과 졸업
이화여자대학교 미술대학 도예과 졸업
현) 한양대학교 안산캠퍼스 산업경영디자인대학원 미술치료 전공 겸임교수
　　한양대학교 안산캠퍼스 사회교육원 미술심리
　　경희대학교 수원캠퍼스, 인천시민대학 평생교육원 미술심리
　　한국임상미술심리치료학회 부회장
　　한국예술치료학회 미술치료사 1급
　　한국치유임상예술치료학회 예술치료전문가 자격증

「미술치료를 통한 발달장애아동의 자기표현 향상에 관한 연구―도예작업치료를 중심으로」
「집단미술치료가 주간보호시설 치매노인의 인지기능, 일상생활수행능력과 신경정신행동에 미치는 영향」
「한국 옛 다리의 도자조형화 연구―상징성과 기하학적 형태를 중심으로」
외 작품 10점

징검다리 미술치료연구소 소장(www.dariart.co.kr)
수원푸른교실 & 미술치료연구소 미술치료 팀장(2002~2011)
안산 가톨릭 여성상담소 주관 여주교도소 집단미술치료(2010~2011)
인천 계양구 인성의료재단 늘봄사랑터 주간보호센터 미술치료(2006~2007)
안산 가톨릭 여성상담소 성폭력 가해자 및 피해자, 가족폭력미술치료(2006~현재)
인천 계양사회복지관 미술심리아카데미 미술치료 팀장(2001~2006)
SK텔레콤 사랑나눔캠프 제2~5회 도예치료 및 부모치료 강사
수원푸른교실 & 미술치료연구소 슈퍼비전 및 워크숍(2008)
한국융연구소에서 꿈 분석(2005~현재)
미국 미술치료학회 참석(애틀랜타, 2005)
서울대학교 신경정신과 폐쇄병동 도예요법 자원봉사(2002~2004)
프랑스 미술치료 전문가 과정 수료(한국예술치료학회, 2002)
제1회 미국 미술치료과정 수료(한국예술치료학회, 2001)

점토미술치료

자기표현 향상을 위한 발달장애 미술치료

초판인쇄	2011년 5월 19일
초판발행	2011년 5월 19일

지은이	한영희
펴낸이	채종준
기 획	김남동
편집디자인	박재규
표지디자인	홍은표

펴낸곳	한국학술정보(주)
주 소	경기도 파주시 교하읍 문발리 파주출판문화정보산업단지 513-5
전 화	031)908-3181(대표)
팩 스	031)908-3189
홈페이지	http://ebook.kstudy.com
E-mail	출판사업부 publish@kstudy.com
등 록	제일산-115호(2000.6.19)

ISBN	978-89-268-2222-7 93180 (Paper Book)
	978-89-268-2223-4 98180 (e-Book)

이담
Books 는
한국학술정보(주)의 지식실용서 브랜드입니다.